新知图书馆
第二辑

20个计算机科学实验

COMPUTER

【美】帕梅拉·沃克　伊莱恩·伍德/著　丁儒俐/译

上海科学技术文献出版社
Shanghai Scientific and Technological Literature Press

图书在版编目（CIP）数据

20 个计算机科学实验/（美）帕梅拉·沃克，（美）伊莱恩·伍德著；丁儒俐译．—上海：上海科学技术文献出版社，2019 (2021.8重印)

ISBN 978-7-5439-7878-2

Ⅰ. ① 2… Ⅱ. ①帕…②伊…③丁… Ⅲ. ①科学实验—初中—教学参考资料 Ⅳ. ① G634.73

中国版本图书馆 CIP 数据核字（2019）第 074825 号

Facts on File Science Experiments: Computer Science Experiments
Text and artwork copyright © 2010 by Infobase Publishing

Editor: Frank K. Darmstadt   **Copy Editor for A Good Thing, Inc.:** Betsy Feist
Project Coordination: Aaron Richman   **Art Director:** Howard Petlack
Production: Victoria Kessler   **Illustrations:** Hadel Studios

Copyright in the Chinese language translation (Simplified character rights only) © 2019 Shanghai Scientific & Technological Literature Press

All Rights Reserved
版权所有，翻印必究

图字：09-2019-281

策划编辑：张　树
责任编辑：苏密娅　于学松
封面设计：许　菲

---

20 个计算机科学实验
20GE JISUANJI KEXUE SHIYAN
[美]帕梅拉·沃克　伊莱恩·伍德　著　丁儒俐　译
出版发行：上海科学技术文献出版社
地　　址：上海市长乐路 746 号
邮政编码：200040
经　　销：全国新华书店
印　　刷：常熟市人民印刷有限公司
开　　本：720×1000　1/16
印　　张：8.5
字　　数：143 000
版　　次：2019 年 6 月第 1 版　2021 年 8 月第 2 次印刷
书　　号：ISBN 978-7-5439-7878-2
定　　价：25.00 元
http://www.sstlp.com

序 言

当你听到"科学"这个词时,最先想到的是什么?是否和大多数人一样,想到陈列着各种各样玻璃器皿和许多精密仪器的实验室?想到总是身着白大褂,整日埋头于各种实验,满脸严肃的科学研究人员?虽然在许多地方这种对科学家的传统看法仍然是正确的,但是实验室却不是唯一存在科学的地方。在某个建筑工地、篮球场甚至是一场你喜爱的乐队的演奏会上,都可以发现科学。实际上,科学无处不在。我们在厨房里做饭时要用到科学;画画时要用到科学;建筑师设计建筑物时要用到科学;甚至解释为什么你最喜欢的棒球选手可以打一个本垒打也要用到科学。

几个世纪以来,人类不断地对周围世界进行探索和研究,从中获得的知识不断积累成科学。科学知识的代代传承通过一系列的教育活动得以实现。所有科学教育活动的一项基本目的就是培养年轻人具有批判性思维和解决问题的能力,而这些能力是受益终身的。

科学知识教育具有学术独特性,不仅要展现事实规律、传授技能,更要培养学生的好奇心和创造性。因此,科学是主动的过程,不可能完全用被动的教学方法实现上述目标。教育工作者时常面临"科学教育的最佳途径是什么"这样的难题。尽管尚无确切答案,但是教育界的一些研究成果还是为我们带来了有益的启示。

研究表明,学生必须积极主动地参与科学实践,通过切身体验学习科学知识。我们要鼓励人们摆脱和超越书本,敢于质疑,提出新奇的设想,进行大胆的预测和假设,自己设计实验内容和步骤,并能收集相关信息,记录实验数据,分析所发现的结果,利用各种资源来拓展知识。换言之,在学习科学的过程中,不能只用耳朵"听",还必须动手"做"。这也就是学科学的最佳方法——"做"科学。

所谓"做"科学就是进行科学实验。涉及科学的课程当中,实验部分发挥着多项教育功能。在很多情况下,需要实际操作的教学活动能有效地激发学生的兴趣,有助于新课题的导入。例如,我们介绍某一有争议的实验,会激发学生的探究欲望并解开现象背后的谜团。课堂上的调查研究活动也有助于学生温故知新。根据神经科学的理论,科学实验和其他学习实践活动有助于将新知识从短期记忆转化成长期记忆。以实践活动和实验为主的"做"科学不仅有助于学生掌握科学概念,而且有助于培养当今年轻人对科学的兴趣。

为此,我们策划了这套"新知图书馆"系列丛书,汇集了天文、地理、物理、化学、生物、海洋、机械、音乐、体育、艺术、建筑、环境等多个领域的科学内容,我们将通过实验验证这些学科内容在日常生活中的应用,通过简单的实验吸引学生兴趣,使之能够进行实践操作,实现我们所说的"做"科学。丛书每个分册围绕一到两个主题设计了20～40项实验,实验所用的材料大多都是生活中常见的物品。各类实验配有插图和图解,便于抓住学生注意力,直观地传递信息。所有实验都会综合调动学生进行科学探究的各方面技能,诸如观察、测量、归类、分析以及预测等。此外,某些实验要求学生通过自己设计并完成开放式实验项目,锻炼其探究科学的能力。

书中大多数的实验都是要求在教师和成年人的指导下,以小组的形式进行的,这其中的一个好处是学生们有机会通过社会交往途径进行学习,使得学生有了集思广益和相互学习的机会。神经科学的研究成果证明,小组学习是一种有效的学习手段,人脑是具有社会属性的器官,人际交流和相互协作能提高学习的效果。

"新知图书馆"系列丛书的目标是借助实验激发学生学习科学的兴趣,传授基本的科学概念,培养批判性思维能力。当学生完全沉浸在丰富的实验环境中,他们会经历许多惊喜并得到意外收获,体验到新旧知识融合以及豁然开朗的非凡乐趣。在这样的条件下,学习活动才真实生动而又效果持久。

我们希望当你们完成这些实验时,能对身边的世界有更好的了解。也许阅读这套书并不能使你们成为一流的运动员或数一数二的科学家,但是我们希望这些实验能够激发你们去发现日常生活中的科学,也能鼓励你们把我们的世界变得更加美好。

目 录

实验前必读 ·· 1
简介 ·· 1
实验 1　生命伦理录像制作 ··· 5
实验 2　珊瑚礁保护 ·· 10
实验 3　碳排放（碳足迹）··· 16
实验 4　虚拟解剖猪胎 ·· 21
实验 5　质量守恒 ··· 27
实验 6　宇航员交换卡 ·· 33
实验 7　简单的机械 ··· 38
实验 8　水解和脱水合成 ··· 43
实验 9　利用云形预测天气 ··· 49
实验 10　制作气候图表 ·· 53
实验 11　测绘雷击 ··· 57
实验 12　人体寄生虫 ··· 62
实验 13　岩石和矿物质 ·· 67
实验 14　呼吸演示 ··· 73
实验 15　纳米科学 ··· 77
实验 16　洞穴是如何形成的？ ·· 82
实验 17　太阳黑子和太阳活动周期 ··· 88
实验 18　化学键的种类 ·· 93

实验 19 DDT 的历史 ·· 99
实验 20 海啸的威力 ·· 105
附录
　　实验环境的设置 ·· 110
　　我们的发现 ·· 110

实验前必读

在开始任何实验前仔细阅读

每项实验都包括与具体主题相关的特别安全提示。这些提示不包括那些在做其他任何科学实验时都必须注意的基本规则。因此,你必须仔细阅读下面的安全准则,并时刻牢记在心。

科学实验很容易有危险,规范的实验步骤应该包括细致的安全守则。在实验过程中随时会有意外发生,例如,材料可能会溢出、破碎,甚至着火。发生危险时你甚至来不及自我保护。在整个实验过程中,不论是否会对你造成危险,你都要严格遵守下面的安全提示,时刻警惕意外危险发生。

对每个独立的实验我们都设计了比较保守的安全预防措施。所以,我们希望你能认真对待本书中的所有安全提示。正是因为非常危险,因此你应该明确看到了这些提示。

因为时刻记住所有的规则并不容易,所以在开始每一项实验之前和准备每一项实验时都要重新阅读这些规则,这样你就会在实验的每一个危险关头注意保持安全。此外,在做那些会发生潜在危险的步骤时,你要运用自己的判断力,时刻保持警惕。虽然书中并没有提到"小心热的液体"或"不要用刀划破你的手指",但并不表示你在烧水或在塑料瓶上打洞时可以疏忽大意。书中的安全提示只是一些特别的提醒。

安全准则

粗心、仓促、缺乏知识或不必要的冒险都会引发事故,采取安全的步骤和在整个实验过程中都保持警惕可以避免上述危险。一定要阅读书中每项具体实验后附加的安全提示和遵从需要成人监督的要求。如果你是在实验室里做实验,记住不要一个人操作。如果不是在实验室里做实验,要至少3个同学一组,并严格遵守学校和各地的法律对监督人员数量的要求。请求具有急救知识的成人监护员看护,并准备好急救包。确保在实验过程中人人都知道急救员的位置。

准　备

- 在实验之前清理桌面,保持干净。
- 开始实验之前,阅读整个实验说明。
- 了解实验中的危险和可预料的危险。

自我保护

- 有步骤地遵守实验说明。
- 每次只做一个实验。
- 确定安全出口、灭火毯和灭火器的位置,关闭燃气和电源开关,准备好洗眼水和急救包。
- 确保充分通风。
- 不要喧闹嬉戏。
- 不要穿露脚趾的鞋。
- 保证地板和工作间干净、整洁、干燥。
- 立即清除溢出物。
- 如果玻璃器皿破裂,不要自己打扫,请求教师帮助。
- 把长头发束到脑后。
- 不要在实验室或工作间里吃东西、喝饮料或吸烟。
- 除非有知识丰富的成人明确告知,否则不要食用任何实验用的材料。

小心使用器材

- 不要把仪器竖立在桌子边缘。
- 小心使用刀子或其他尖锐的仪器。
- 拔电源插头,而不是拔电线。
- 使用前后都要清洗玻璃器皿。
- 检查玻璃器皿的擦痕、裂痕和尖锐边缘。
- 玻璃器皿破碎了要立即通知老师。
- 不要让反射光照射你的显微镜。
- 不要触摸金属导体。
- 小心用电。
- 使用酒精温度计,而不是水银温度计。

使用化学品

- 不要品尝或吸入化学品。
- 在盛有化学品的瓶子和仪器上贴好标签。
- 仔细阅读标签。
- 避免化学品接触皮肤和眼睛(戴安全镜或护目镜、实验用围裙和手套)。
- 不要触摸化学溶液。
- 使用溶液前后要洗手。
- 彻底清除溢出物。

加热物质

- 在加热材料时戴安全镜或护目镜、围裙和手套。
- 使你的脸远离试管或烧杯。
- 当在试管里加热物质时,避免把试管的顶端对着其他人。
- 使用耐热玻璃制成的试管、烧杯和其他玻璃器皿。
- 不要使仪器处于无人看管状态。

- 使用安全钳和耐热手套。
- 如果你的实验室没有耐热工作台,把本生灯放在耐热垫上之后再点燃。
- 点燃本生灯时要注意安全;点燃本生灯时保持通气孔关闭,使用本生灯专用打火机而不用火柴。
- 使用电炉、本生灯和燃用气体完毕后立即关闭。
- 使易燃物远离火焰或其他热源。
- 手边准备一个灭火器。

实验结束

- 彻底清理你的工作场所和任何使用过的玻璃器皿。
- 洗手。
- 小心不要把化学品或污染了的试剂放入错误的容器。
- 不要在水槽里处理材料,除非要求这样做。
- 清理所有的残留物,把它们放到正确的容器里进行处理。
- 按照各地法律规定处理化学品。

随时保持安全意识!

简 介

在20世纪90年代中期,个人计算机开始走进教室。最初,大多数教室只有一台计算机,主要用于教师保存记录。从20世纪90年代末至今,学校计算机的数量不断增加,其速度超过了专家的预测,许多教室有10台或更多的联网机器供学生使用。在学校,计算机的出现对于教学的方式产生了巨大影响。

在科学课堂上,计算机可以在许多方面促进学习。计算机可以成为吸引学生的工具,因为它们能抓住并保持学生的兴趣。一旦学生"迷上"一台接入互联网的计算机,可以有助于他们巩固学习,因为计算机是一个互动设备,使大脑参与活动,从而使学生提出像"如何"和"为什么"这类问题。主动学习往往使教育更快乐、更有趣而且能提高记住所获知识的可能性。此外,互联网给课堂带进一些虚拟活动,因为它们太危险、太昂贵或太复杂,实际上很难执行。利用计算机,学生可以看到科学理论数以百万计实际应用中的某些部分,一种观点认为,这常常会激发学生的好奇心。在课堂上,计算机也能鼓励学生对学习科学抱有积极的态度并激发他们对科学概念的兴趣。

登录互联网使计算机特别有用。作为构成科学的一个内在而且必要的组成部分——研究,是人们建立互联网的原因之一。

今天,学生、教师、家长和其他人都可以获得这些科学的信息。使用计算机,登录互联网使学生们能够效仿真正科学家们的行为,他们依靠互联网收集数据、分析数据,完成研究工作。

自创立伊始,互联网的性质已经发生了巨大变化。曾经是科学信息共享的来源,今天,互联网主机发布各行各业的人们粘贴的内容。虽然科学信息的收集量越来越大,但是不适合学生和其他年轻研究者的内容也相应增加。成年人应该经常监督互联网的使用。

真正的科学家进行研究以便提供实验题目的背景信息，并对未来的实验提出新的观点。理想的是，研究不仅能展现历史上重要的信息，也能展现全球科学家的最新工作情况。学生和教师们都知道，人们几乎无法使用传统的教科书在教室里进行研究。登录互联网让学生们广泛地了解各种成果和观点。互联网也使学生能够实时收集数据。这样的数据可作为实验和分析的基础。

本书提供以计算机研究为主的20个可参与的实验，其中一些实验也要求学生创建模型或者实践。

书中的实验来自所有主要的科学领域，包括生物学、环境科学、物理学、化学和地球系统。基于生物学原理的实验包括："生命伦理录像制作"实验，从实验中，学生可以了解生命伦理这一主题的复杂性，然后合作实验，探讨一个问题，并制作一个简短的视频解释它。"虚拟解剖猪胎"实验对于承担不起保存猪胎儿和解剖设备费用的课堂教学，以及对于实际解剖持异议的学生来说是一个理想的实验。"人体寄生虫"实验向学生介绍了感染人体的各种类型寄生虫、寄生虫复杂的生命周期以及这些寄生虫的治疗方法。在"呼吸演示"实验一章中，学生必须把对外部呼吸机制的理解和气体定律结合起来，以便开发一个模型，解释空气进出肺部的活动。

人体科学、化学和物理学是重点的几项实验。"水解和脱水合成"实验解释了包括在生物中发现的大分子是如何组合和分离的。在这个实验中，学生们也建立并使用模型来说明这些化学反应。"化学键的种类"实验考察的是价电子在构成分子中的作用，以及在氢连接背后的化学。由安托万·劳伦和玛丽·安妮·拉瓦锡的研究工作得出的"质量守恒"实验把早期科学家的工作与今天的知识体系连接起来。"简单的机械"实验以崭新的、可参与的方式提供教师一种介绍一些基本概念的方法。环境科学中学习的课程是与日常生活最息息相关的项目。在"珊瑚礁保护"实验中，学生们研究珊瑚礁的种群并调查人类所造成的生态系统的问题。为了仔细考查他们自己对环境的影响，学生们在"碳排放（碳足迹）"实验中对此进行计算。这项实验有助于学生识别在他们生活中最有损环境的行为，并关注一些减少影响的选择。"DDT的历史"实验让学生了解"神奇的化学物质"是如何造成严重的环境和人口损害的。这个实验把社会经济和医疗融合在一起，帮助学生理解问题的复杂性。

对地球系统的研究包括这一行星在太空中的作用、太空科学和太空旅行、地球的状况以及地球与太空中其他物体的相互作用。地球表面是两个实验的题目。在"洞穴是如何形成的?"实验中,学生们研究主要洞穴和从属洞穴的区别。"岩石和矿物质"实验把地球表面的这两类物质区分开来,并让学生研究他们选出的一种矿物质。"太阳黑子和太阳活动周期"实验是让学生检测太阳表面最近的太阳黑子。"宇航员交换卡"关注的是太空计划的历史,重点放在国际空间站目前的工作上。在"利用云形预测天气""制作气候图表"和"测绘雷击"几个实验中探究的是气候和天气。在"海啸的威力"实验中调查的是物理现象——海啸以及这类现象对人类的影响。

利用书中的实验,教师们可以涵盖主要的科学概念,同时扩大学生们的学习视野。毫无疑问,接触各种各样可参与的学习方式的学生就是那些最有可能发现学习的乐趣和意义的学生。当然,基于网络的研究补充了传统科学的学习并帮助学生看到这种工具如何支持他们毕生的学习。

实验 1　生命伦理录像制作

题　目

生命伦理的决定需要对科学和技术的理解。

简　介

遗传学是发展迅速的一个科学分支,正在改变着人们的思考方式和生活方式。在遗传学领域——解决遗传问题的生物学的一个分支,取得的进步为实验和医疗打开了新的大门,这在不太遥远的过去是闻所未闻的。在过去40年中,遗传学中一些里程碑的发现包括:确定引起疾病的DNA片断的位置、操控胚胎,如图1所示,以及培养干细胞。

随着医学的进步,个体生命正面临着新的难题。很多问题不仅涉及新的科学知识,而且也涉及个人的信仰体系。例如,一个仍在争论的棘手的话题是"应该允许父母设计他们后代的遗传形象吗?"另一复杂问题是"干细胞应该用于治疗疾病吗?"如果问题的答案是肯定的,那么,我们必须决

图1　胚　胎

定从哪里得到那些干细胞。科学家也仍然在讨论,是否应该克隆人类这一问题。这些问题没有一个是不复杂的,因此,可能需要几十年的讨论。

为解决这些问题,人们需要了解相关的科学技术信息。科学知识提供个人分析生命伦理疑难问题所需的工具。通过了解科学,人们就可以权衡他们的决定与道德信仰孰轻孰重。这样,个人就可以为自己及所爱的人制订一套行动方案。

在该项活动中,你和实验伙伴就与生命伦理相关的、有争议的题目进行研究。你们就这一科学题目作简短的新闻发布,并解释相关问题的利与弊。

实验时间

3—4个55分钟的课时

实验材料

- 摄像机
- 带文字处理器的计算机
- 使用互联网
- 直观教具,如海报、模型、图形或者图表
- 实验记录本

安全提示

请仔细阅读并遵守本书"实验前必读"中的"安全准则"。

实验步骤

1. 和你的实验搭档合作,研究教师分配的题目。可以查阅经教师同意的网站。

2. 一旦你们组完成研究,准备就分配的题目作"新闻发布"。做法如下:

① 在小组成员间分配如下角色:

△ 主持人或采访者

△ 小组中支持研究题目正方观点的嘉宾

△ 小组中支持研究题目反方观点的嘉宾

如果小组人很多,可以扮演其他的角色,如相关的居民、生病孩子的父母、遭受疾病痛苦的病人或者对伦理学感兴趣的立法者。

② 每位主持人或者采访者应该为每位嘉宾准备4个问题。然后,每位嘉宾回答这些问题。首先,科学观点要正确,其次,要能够全面解释与题目相关问题的立场。

③ 主持人和嘉宾可以扮演实际电视节目的主持人、科学专家或者对此题目有自己观点的人,也可以创造一些想象的角色。所有的小组成员都应该做好准备并了解自己的内容。陈述期间,可以参考笔记,但不能照本宣科。

④ 每位小组成员的穿着都应该符合他的角色。

⑤ 应该把采访问题和答案打印出来,并在陈述的当天交给教师。

⑥ 每组应该用摄像机把新闻发布拍摄下来,并适时把视频交给教师。或者,如果没有摄像机,可以现场表演节目。

⑦ 视觉辅助内容应该包括在新闻发布当中。

适当的视觉辅助内容包括有关的海报、图表、图形、表格和模型。

⑧ 新闻发布应该既有趣而又有创造性。

⑨ 新闻发布持续时间应为5—10分钟。

3. 在研究了分配给你的题目,并帮助小组准备了新闻发布之后,就该题目写一篇一页长的意见书,内容包括:

① 描述就此题目的个人观点,解释为什么并如何产生那些观点。

② 包括有3—4条的参考数目。

4. 在课堂"播报"节目的当天,听其他小组的陈述并在实验记录本上做记录。

5. 陈述之后,问其他小组一些问题,让他们帮助澄清你对这些问题的理解。把答案添加到你的实验记录本中。

分 析

1. 为什么现在比过去有更多的生命伦理问题需要回答?

2. 让你最关心的是哪类生命伦理问题或题目？

3. 你为什么认为生命伦理问题是复杂的、难以回答的？

4. 科学家能够通过基因疗法治疗某些病人。在这项技术中,利用病毒把矫正的基因置入病人的DNA。有些人认为对DNA的操纵违背自然法则。你对此有何感想？

5. 一位朋友告诉你他患有严重的遗传疾病,但是希望保守秘密,这样就会毫无困难地得到健康保险。你会给朋友怎样的建议？

实验中将会发生什么？

随着科学的进步,生命伦理问题将更加频繁地出现。技术发明的步伐在加快,带来了排山倒海般的新信息、过程和可能性。结果,个人和家庭将不得不自己决定什么是对和错。不幸的是,很多新的疑难问题难以回答。即使试图作正确选择的消息灵通人士,也可能就什么是正确的持不同意见。

生命伦理问题的数量将继续增加。将来,你可能必须做既重大又世俗的决定。你是否赞成消除衰老的影响？你对使用胚胎作为干细胞来源的看法如何？或许你愿意推荐采用你和你的配偶并不打算使用的冷冻胚胎？在饭店,你会点遗传基因已经改变,长得极大的鲑鱼(图2上面的一个),还是宁愿较小的野生鲑鱼？对这些过程背后的科学了解得越多,就越能很好地认识这些伦理方面的疑难问题,并做出最佳决定。

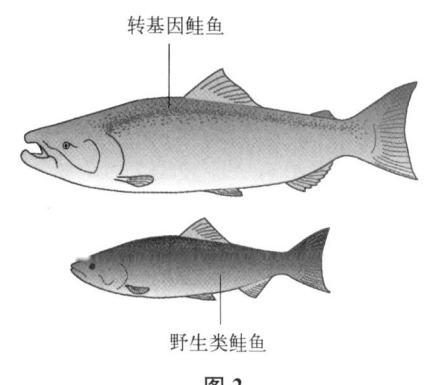

图 2

与现实生活的联系

医学致力于避免痛苦和疾病。但是,只允许健康的胚胎发育和存活,这种避免疾病的方式是道德的吗？使用胚胎植入前的诊断法(PGD)这项新技术的医生认为是道德的。PGD是试管受精的一个分支,这项技术是从女人的卵巢中取出数个卵子并置于培养皿中。取其丈夫精子,使精子与卵子融合。数个卵子受精后,把几个放入女人的子宫内,希望至少一个能着床并发育为健康婴儿。在PGD技术中,研究者在植入前检查胚胎的遗传物质。携带遗传性疾病的受精卵被淘汰。此项技术的倡导者指出,因为是只植入了健康的卵子而避免了很多痛苦。反对者说,其过程与养殖牲畜相似,是不道德的。

想要了解更多吗?

参见附录中"我们的发现"。

实验 2　珊瑚礁保护

题　目

珊瑚礁是复杂的生态系统,因人类活动而濒临灭绝。

简　介

珊瑚礁是地球上一些最丰富多彩的生态系统。珊瑚礁的结构都很大,令人印象深刻,但构成礁的生物体都是与海葵和水母等所有腔肠动物家族成员相关的小型无脊椎动物。珊瑚这种动物很少单独生存。它们构成叫做集群体,其中不同个体彼此相连(图1)。

图 1　珊瑚礁

珊瑚礁可以分成两大类：软的和硬的。软珊瑚有灵活的框架，由珊瑚硬蛋白，一种硬的蛋白质构成。分散在珊瑚硬蛋白之间的是尖的针形碳酸钙。硬珊瑚是杯子形状的碳酸钙聚集地的主要成分。如果受到食肉动物的威胁，这些动物就在自己的保护框架内拉扯自己。当硬的珊瑚死亡，它们的框架留下来并成为其他珊瑚形成的基地。数百万个珊瑚框架构成珊瑚礁。

在理想环境下，珊瑚礁以每年大约10厘米的速度生长。另外，温度必须介于23℃—29℃之间。巨大礁体的形成可能需要数千年的时间。由于环境破坏，全球的珊瑚礁正面临生存困难。在本项实验中，学生们就珊瑚礁进行研究并学习如何帮助这些独特的生态系统。

实验时间

第一部分 55 分钟
第二部分 55 分钟

实验材料

- 使用互联网
- 彩笔
- 实验记录本

安全提示

请仔细阅读并遵守本书"实验前必读"中的"安全准则"。

实验步骤　第一部分

1. 登录下列网址：URL：http://oceanservice.noaa.gov/education/kits/

corals/welcome.html

2. 通读网站，用"→"键引导向前。边读边回答分析问题。

3. 点击显示详细的、带标记图表的珊瑚虫的图片。把图表画在你的实验记录本中，包括所有的标注。

4. 点击显示详细的、带标记图表的刺细胞的图片。把图表画在你的实验记录本中，包括所有的标注。

5. 点击显示详细的、带标记图表的珊瑚礁的图片。把图表画在你的实验记录本中，包括所有的标注。

第二部分

珊瑚礁面临的很多麻烦都是由人类活动引起的。当你完成第一部分时，就会读到其中的一些问题。选择一个问题并上网搜索能提出解决办法的网站，阅读这些网站，在你的实验记录本中记录下来。就该问题及其解决办法写篇500字的论文。

分 析

1. 3种基本类型的珊瑚是什么？
2. 珊瑚虫是什么？
3. 为什么珊瑚被描述为集群生物体？
4. 珊瑚生物体如何汲取食物？如何排泄废物？
5. 珊瑚如何利用刺细胞捕获食物？
6. 解释藻与珊瑚之间的互惠共生关系。
7. 什么是珊瑚白化？
8. 为什么珊瑚需要清澈、营养贫乏的水？
9. 珊瑚礁是如何形成的？
10. 把珊瑚的形状和对它们的描述搭配起来。

① 镶衣珊瑚　　　　　a. 有大的、扁的分支

② 鹿角珊瑚　　　　　b. 有宽的圆盘，产生类似螺纹的图案

③ 树叶珊瑚　　　　　c. 像手指的形状

④ 指状珊瑚　　　　　d. 生长在基层的薄层中

11. 珊瑚礁是如何开始形成的?
12. 珊瑚礁的3种类型是什么?
13. 堡礁完全形成需要多长时间?
14. 什么样的环境才最适合造珊瑚礁?
15. 为什么成年珊瑚被描述为固着的?
16. 解释珊瑚的无性繁殖。
17. 珊瑚如何进行有性繁殖?
18. 为什么珊瑚礁被认为是珍贵的生态系统?
19. 在1997—1998年的厄尔尼诺现象期间,珊瑚礁发生了什么?
20. 列举一些人类对珊瑚礁造成的威胁。
21. 说出至少4种破坏珊瑚礁的污染源。
22. 为什么珊瑚礁的疾病发生得比以前更频繁?
23. 为什么应该保护珊瑚礁?

实验中将会发生什么?

珊瑚礁——地球上最富饶的一些地方,是极为重要的海洋生态系统。所有海洋物种的1/4和用于商业用途的鱼类都生活在珊瑚礁上或其周围。珊瑚礁也是人类珍贵的资源。因为珊瑚礁支持很多种不同的生物,所以它们也是科学家寻找新药的天然场所。数以百计的药物,包括用于治疗艾滋病病毒的药物AZT(爱捷特)已经从珊瑚礁的生物体中获得。另外,珊瑚礁是抵挡海浪来袭的天然屏障,保护海岸线在暴风雨期间不受破坏。附近地区的旅游业也为当地居民带来了收入。

珊瑚礁受到自然暴风雨和天气波动的破坏,但是最严重的威胁与人类的发展有关。科研工作者根据调查情况,列出了对珊瑚礁构成的威胁。排名前7位的问题如下:

1. 污染,包括从附近的陆地排放到海水中的沉淀物和化学物质。
2. 过度捕捞,既有商业的又有娱乐的。
3. 破坏性的捕鱼活动,如使用氰化物或炸药杀死或击晕猎物。
4. 海岸线的挖掘和改变,主要是为了便于船舶的移动。
5. 船舶接地和船舶抛锚造成的破坏。

6. 珊瑚疾病的暴发。

7. 全球气候的变化，造成非自然的海洋温度升高，频繁的风暴以及海平面的上升。

与现实生活的联系

珊瑚礁主要生存在海水清澈、温度和 pH 值理想的热带海洋中。美国珊瑚礁大多集中在西太平洋地区（夏威夷、关岛、美属萨摩亚和英联邦北马里亚纳群岛）。其余的在远离佛罗里达州、得克萨斯州、波多黎各和美国维尔京群岛的海岸线的地方，这些珊瑚礁在图 2 的地图上用白色圆点表示。像世界各地的珊瑚礁一样，美国的珊瑚礁也处于危险之中，因为它们对环境变化非常敏感。

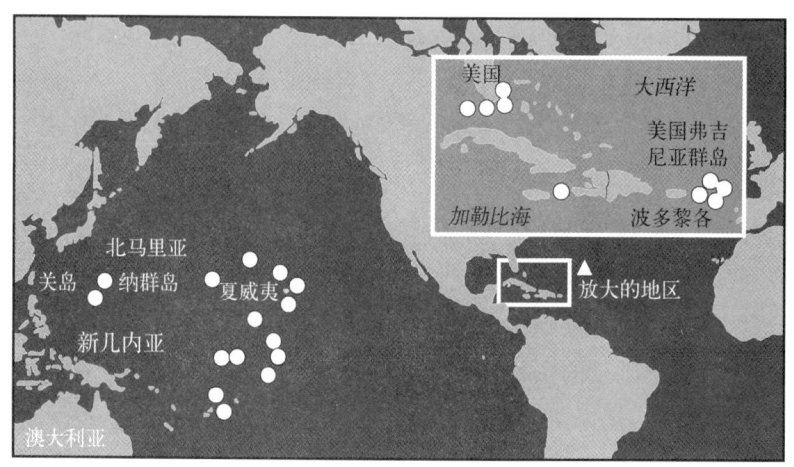

○ = 珊瑚礁

图 2　美国珊瑚礁

对珊瑚礁最大的威胁之一与全球气候变化有关。由于燃烧化石燃料用于电力生产和动力汽车，使空气中的二氧化碳含量处于历史最高水平。在空气和海洋的界面，这部分二氧化碳溶解在水中，增加了其酸度。当海水呈酸性时，珊瑚无法构造自己的框架。空气中的二氧化碳也增加了温室气体的厚度，从而导致地球表面温度上升。如果温度超过 29℃，珊瑚就会驱逐和它们生活在一起的海藻。这两个问题的解决方案听起来简单：减少二氧化碳排放量。

然而,执行这个解决方案的办法难以找到。只要人类努力,受损的珊瑚礁就会幸存并恢复。

想要了解更多吗?

参见附录中"我们的发现"。

实验3　碳排放(碳足迹)

题　目

碳排放反映了人的活动对环境的影响。

简　介

我们地球舒适温暖的温度要归因于温室气体。太阳辐射穿过大气层，抵达地球的表面，变成热量(图1)。有些热量被释放到空中，但大部分被地球附近穹形顶的温室气体捕捉。如果没有这些气体，地球表面会很寒冷。

温室气体的含量正在快速提高，造成地球表面温度上升。全球变暖使地球温度整体上升，原因是大气中温室气体的增加。温室气体的两种主要成分是二氧化碳和甲烷。

二氧化碳的主要排放源是电厂和交通运输。由于燃烧化石燃料，二氧化碳被排放到大气中。因

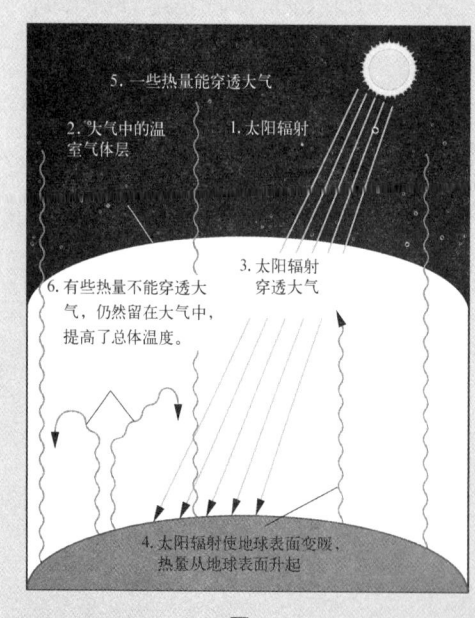

图1

此,我们很多的日常活动都会产生二氧化碳排放。每次当你插入一种电气设备或者拧开电灯,都会增加温室气体的含量。当你开车、乘公共汽车或飞机,也会发生同样的情况。在本次实验中,你会对二氧化碳排放有更多的了解,二氧化碳排放表明你会带来多少温室气体。

实验时间

55分钟

实验材料

- 使用互联网
- 实验记录本

安全提示

请仔细阅读并遵守本书"实验前必读"中的"安全准则"。

实验步骤

1. 为了学习更多碳排放的知识,可登录网站 http://www.thenatureconservancy.com/initiatives/climatechange/calculator/?src=f1. 这个网站是由一个非营利性环保组织——**美国大自然保护协会**提供的,它可以帮助你确定你的活动给大气中增加了多少二氧化碳。

2. 读"开始"下面的信息,选择号码说明你家有几口人。然后选择"计算我家的数值"。

3. 在"家庭能源"下面,注明你家卧室的类型和数量。选择你们生活的状态。回答"你做了什么来改变你的影响?"下面的问题。然后打钩"继续"。

实验3 碳排放(碳足迹)

4. 在"驾车和飞行"下面,回答与你家旅行习惯有关的问题。打钩"继续"。

5. 在"食物和饮食"下面,回答与你家饮食习惯有关的问题。打钩"继续"。

6. 在"回收和废物"下面,回答与你家庭习惯有关的问题。打钩"继续"。在实验记录本中记下你的碳排放。

7. 读本页左边的题为"挽救气候小贴士"的标签。

8. 再重复一遍该过程。这一次,表明你的家庭:

① 不飞行

② 每年只驾驶 8 047 千米

③ 使用能源之星电器

④ 尽一切可能保护能源

⑤ 吃有机食品

9. 回答分析问题 1—8。

10. 要了解有关袖珍荧光灯(CFL)的灯泡,请登录博闻网的网页:http://home.howstuffworks.com/question236.htm 读网页上的信息。

11. 在实验记录本上回答分析问题 9—10。

12. 要更多地了解有关节能灯泡,请到网页:http://www.energystar.gov/index.cfm? c＝cfls.pr_cfls 这一网页是由**美国环境保护署(EPA)**提供的。阅读有关荧光灯灯泡的段落。

13. 在实验记录本上回答分析性问题 11—12。

分 析

1. 你的家庭碳排放如何?

2. 在步骤 8 之后,碳排放是如何改变的?

3. 有些公司提供机会抵消个人的碳排放。如果个人捐款,公司将使用这笔钱帮助抵消你的用电费用。大自然保护协会帮助抵消碳排放的方法有哪些?

4. 描述一些帕特里克·冈萨雷斯(Patrick Gonzalez)本人减少助长温室效应的方法,此人在讨论"挽救气候的秘密"时被提到过。

5. 列出你和全家能够做的减少全球变暖的 5 件事。

6. 种植更多的树如何能减少碳排放?

7. 用自己的语言解释短语"放眼全球,立足本地"的含义。

8. 什么是**大自然保护协会**？自成立以来它完成了什么？
9. 什么是节能灯泡？
10. 为什么白炽灯灯泡温度高，而节能灯灯泡相对温度低？
11. 如果每个人把白炽灯灯泡换成节能灯灯泡，我们可以节省多少电？
12. 与白炽灯相比，节能灯灯泡可节省多少能源？

实验中将会发生什么？

尽管温室气体排放水平几千年来相对稳定，但自1750年以来一直在增加。在19世纪中期出现的工业革命时代，大气层中二氧化碳水平（图2）急剧增加。研究表明，正因为二氧化碳的含量增加，所以地球表面的温度也升高了。增加的二氧化碳水平以及上升的气温所引起的问题是全球性的。然而，每个人的行为可以起很大作用。日常的选择可以通过两种方式有所帮助：减少温室气体排放及增加二氧化碳的吸收。每个人都可以调整他的生活方式，减少产生温室气体的活动。为了使用较少的电力，选择当地种植的食物、复位温控器，使用公共交通也有助于环境。

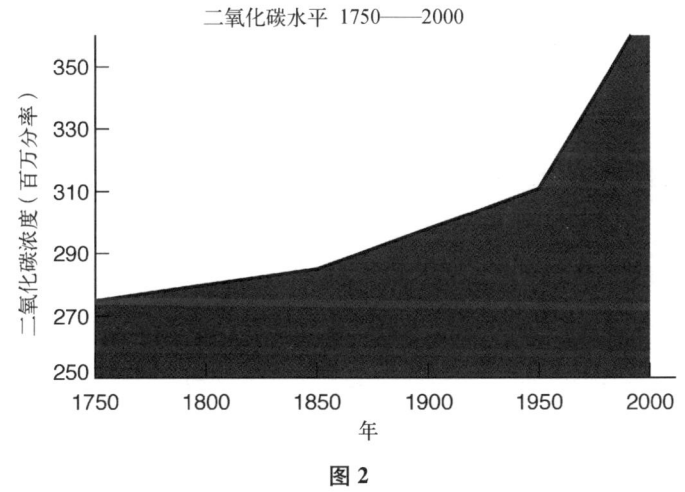

图 2

与现实生活的联系

由于对古代冰川进行的研究，科学家们知道，地球的表面正在变暖。在两极,每年新的冰雪降落在早年的冰雪上面,形成多层结构。通过取出冰芯(图3),科学家可以分析数千年前的冰。夹在每层冰中的气泡告诉我们那是什么气体,有多少气体。

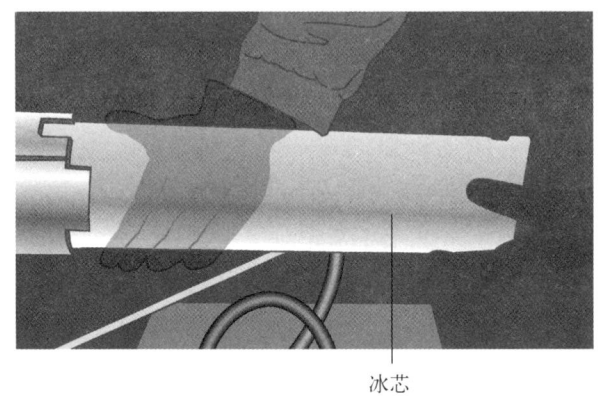

冰芯

图 3

对冰芯的分析证实,地球表面的温度在逐渐变暖,二氧化碳和甲烷的水平在上升。自工业革命以来,二氧化碳的水平增加了 3.3%。甲烷的水平也显示出类似的增长。

研究气候变化的**专家小组(IPCC)**预测,以目前的速度变暖,到 2100 年,地球表面温度的上升将足以使海平面升高多达 0.9 米。IPCC 提供每个国家对全球变暖"贡献"的信息。像美国和欧洲各国,这些工业化国家是最大的"罪犯"。这些高度发达社会的公民应共同合作,带头制订一个全球性的解决方案。

想要了解更多吗?

参见附录中"我们的发现"。

实验 4　虚拟解剖猪胎

题　目

虚拟解剖揭示了解剖猪胎的大致过程。

简　介

猪胎对于解剖研究是优良的标本,因为它们有许多与人类共同的结构。猪是哺乳动物,也是能维持自身体温的恒温动物,全身长满毛发,靠乳腺哺育它们的幼仔。和人类一样,猪也是在胎盘中发育。未出生的猪通过脐带附着在胎盘上。猪和人类的解剖结构大部分是相似的,差别主要是两足和四足动物的结构区别。此外,人体肝脏有 4 叶,而猪肝有 5 叶。与人类不同,猪大肠的开始部分是盘绕的。在小肠和大肠的连接处,猪有帮助消化的盲肠。人类有一个盲肠的残留部分——阑尾。在雌性猪体内,子宫是双角的,这意味着它有 2 个腔,而不是像人体内的一个中央腔。

尽管在胸腔内的血管大多是相同的,但也有一些差别。在胎猪体内,头臂动脉分为右锁骨和双颈干,双颈干又细分为左、右颈动脉(图 1)。人类缺少双颈干,左颈动脉直接来自主动脉,而右颈动脉从头臂动脉分叉而来。人与猪的腹部和胸腔的大部分其他结构是一样的。在这个实验中,通过虚拟解剖,你将查看一个备用胎猪外部和内部的结构。图 2 显示了胎猪和它的一些外部结构。

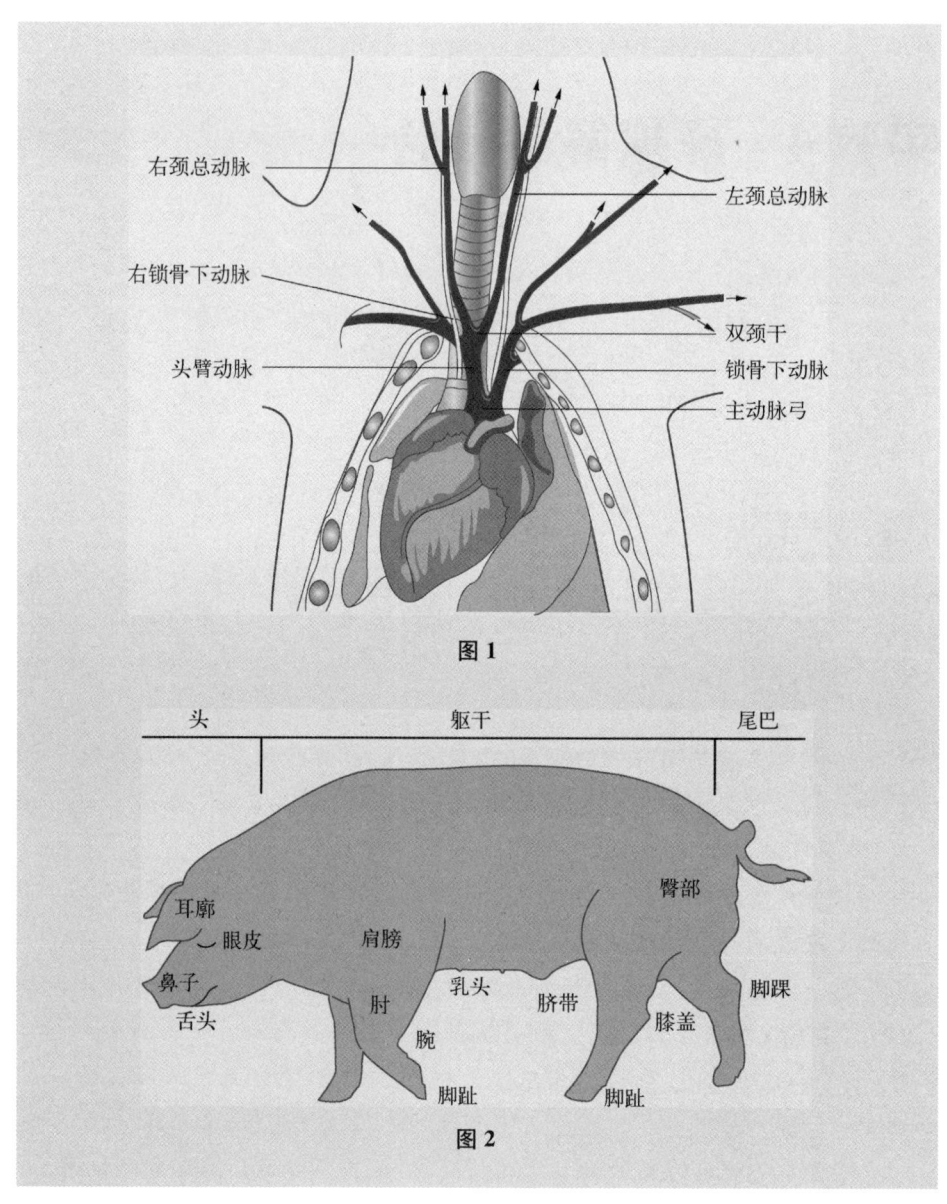

图 1

图 2

实验时间

55 分钟

实验材料

- 计算机
- 使用互联网
- 实验记录本

安全提示

请仔细阅读并遵守本书"实验前必读"中的"安全准则"。

实验步骤

1. 进入网站 http://www.whitman.edu/biology/vpd/。
2. 点击"Virtual Fetal Pig Dissection"。
3. 在"Study Guides"下面,选择"Anatomical References"。
4. 选择5个标签之一,每次一个,并复习提供的信息。回答分析问题1—4。
5. 在实验记录本中,画一张猪胎图并注明下列部位:

① 前

② 后

③ 背

④ 腹

6. 在同一张图上,标明矢状面、横截面和正面。
7. 在"Study Guides"下面,选择"Sexing Your Pig",回答分析问题5—6。
8. 在"Study Guides"下面,选择"Digestive System",回答分析问题7—25。
9. 在"Study Guides"下面,选择"Excretory System",回答分析问题26—30。
10. 在"Study Guides"下面,选择"Circulatory System",回答分析问题31—40。
11. 在"Study Guides"下面,选择"Reproductive System",回答分析问题

41—42。

12. 在"Study Guides"下面,选择"Respiratory System",回答分析问题43。

13. 在"Study Guides"下面,选择"Nervous System",回答分析问题44—46。

14. 完成网站上每一个"Quizzes"。

分 析

1. 颅部位(前/后)到胸肌部位。

2. 在(矢状/横向/正面)部分,一个假想的平面穿过猪身,把它分成左、右相等的两半。

3. 胎猪的脊柱(内侧/外侧)到它的肩膀。

4. 把脊柱作为一个参照点,胎儿猪的脚趾(近/远)到它的前腿。

5. 你如何能区分雄性和雌性猪?

6. 雄性猪的泌尿生殖道开口在哪里?

7. 成对鼻孔的功能是什么?

8. _____的味蕾位于边沿的部位。描述舌的外观。

9. 描述一个唾液腺的位置。

10. 描述硬腭和软腭的差异。

11. 埋伏牙是什么?

12. _____是_____(沿此部位食物进入胃)和_____(沿此部位空气进入肺)的通道交界处。

13. 当猪吞咽时,_____阻止食物进入肺部。

14. 猪腹部上面扇形体内,大的暗棕色的结构是什么?

15. 你怎么能找到肚子的位置?

16. 小肠大致的长度是多少?

17. 小肠的功能是什么?

18. 大肠和小肠在外观上有何不同?

19. 胆囊在哪里?它的功能是什么?

20. 幽门括约肌的功能是什么?

21. 什么是胃皱?

22. 与胃相关的脾在哪里？
23. 直肠的功能是什么？
24. 胰腺的功能是什么？
25. 肠系膜的功能是什么？
26. 排泄系统的功能是什么？
27. 肾脏位于哪里？
28. 肾脏的功能是什么？
29. 未经过滤的血液通过＿＿＿＿＿进入肾脏。
   经过滤的血液通过＿＿＿＿＿离开肾脏。
30. 尿液从肾脏经过＿＿＿＿＿进入膀胱。＿＿＿＿＿是一个把尿液从膀胱带到外部的管道。
31. 心脏外面是什么薄膜结构？
32. 哪两个器官与心脏邻近？
33. 胸腺位于何处？它的功能是什么？
34. 冠状动脉在哪里？它的功能是什么？
35. 心房在颜色和大小方面与心室有何不同？
36. 描述主动脉离心脏的路径。
37. 成年猪体内，哪个心室较厚，左侧的还是右侧的？为什么？
38. 心脏的哪个心房得到来自身体的静脉血？
39. 哪个心室得到来自肺部氧气的动脉血？
40. 心脏瓣膜的位置在哪里？其功能是什么？
41. 卵巢、输卵管和子宫的位置。
42. 描述雄性猪体内睾丸和附睾的位置和外形。
43. 描述空气从鼻孔到肺部的路径。
44. 什么薄膜覆盖着大脑？
45. 命名在大脑腹面的3个可见结构。
46. 丘脑在哪里？它的功能是什么？

实验中将会发生什么？

虚拟解剖有许多优点，可以为那些不想参与实际解剖的人提供极好的经验。

另外，虚拟解剖可以用来预习将来在实际解剖中完成的工作。

解剖是把一个曾经的生命肢解并观察其生命机理的过程，在解剖结构的研究中很有价值。实际和虚拟解剖有助于把生物学和解剖学的抽象概念与真实结构联系起来。猪特别有用，因为它们的器官、系统与人类的非常相似。因此，它们是大多数人体解剖课上的首选动物。猪也是解剖课上比较重要的解剖标本，学生也可以把不同动物的结构与猪进行比较，包括鱼类、鲨鱼、两栖类和爬行动物。

用于虚拟和实际解剖的胎猪是肉类行业的副产品。当怀孕的母猪被屠宰用于食品，它们发育中的胎儿就被取出并留作课堂学习使用。通过注射保存液来制备胎猪。此外，制备过程可能还包括把彩色乳胶注入循环系统。红乳胶用于动脉系统而蓝乳胶用于静脉系统。

与现实生活的联系

人体解剖最常见的是留给医学生以及生物医学研究各个领域的研究生。用于解剖的人类尸体来自把身体捐献给科学的个人。尸体被去除血液以备用，取而代之的是防腐液。尸体浸泡在防腐液中数月。防腐剂的主要化学物质是甲醛和苯酚。高浓度时，这些都是致癌物质，它们只有在低浓度时用于保存尸体。许多情况下，尸体解剖后被火化，然后把骨灰返还给家人。

想要了解更多吗？

参见附录中"我们的发现"。

实验 5　质量守恒

题　目

早期与物质有关的实验有助于今天人们对质量守恒定律的理解。

简　介

在两个或两个以上的物质发生相互作用并经历化学变化时,就会发生化学反应。在化学反应中,形成一个或更多新的物质。

一些化学反应发生得很慢,观察者可能看不到变化发生。例如,由铁和氧气形成铁锈就是一个渐进的化学变化。不过,有些化学反应变化较明显。如果你点燃烟火(图 1),其中的镁燃烧并释放光和热。其他化学反应的显现特征还包括冒泡、声音、气味的产生和颜色的变化。

在所有化学反应中,物质和能量均发生变化。在烟火反应中,物质转化成热能和光能。产生热量的化学反应被描述为放热反应。其他类型的反应需要能量,这些反应被描述为吸热反应。发生吸热反应

图 1　烟火释放光和热

的反应物摸起来凉爽。光合作用是一种吸热反应,植物吸收太阳的能量,产生葡萄糖(图2)。有关物质和能量变化的最重要的一些工作是由一个年轻的法国人安托万·洛朗·拉瓦锡(Antoine-Laurent Lavoisier, 1743—1794)完成的,他在自己家里,在妻子的帮助下进行实验。在这项实验中,您将对拉瓦锡和他的研究有更多的了解。

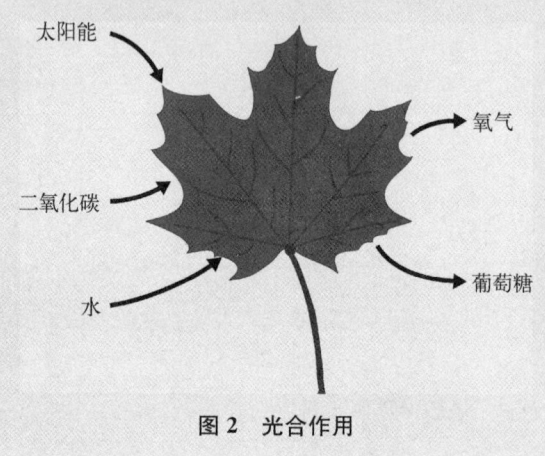

图2 光合作用

实验时间

第一部分 30 分钟
第二部分 30 分钟

实验材料

- 1/2 汤勺小苏打
- 1/2 汤勺柠檬酸
- 1 升大小的密保诺拉链式 TM 冷冻袋
- 小烧杯
- 40 毫升水
- 三梁式电子秤

- 使用互联网
- 实验记录本

安全提示

当从事化学品工作时,戴手套和护目镜。请仔细阅读并遵守本书"实验前必读"中的"安全准则"。

实验步骤 第一部分

登录互联网,进行搜索,以便更多地了解安托万·洛朗·拉瓦锡。特别是,找到分析问题1—8的答案。

第二部分

1. 将1/2茶匙小苏打和1/2茶匙柠檬酸放入密保诺拉链式TM袋。
2. 将40毫升水倒入烧杯。
3. 小心地把烧杯水放入TM袋中。不要让水溢出。
4. 把TM袋和烧杯水放到三梁式电子秤上。不要让水溢出。
5. 在你的实验记录本中,记录TM袋、干化学品和烧杯水的质量。
6. 将袋从秤上拿走,紧紧密封。倾斜盛水烧杯以便与干化学品混合。继续在手中握着袋子,观察发生了什么。手拿袋子时,不要挤压或揉它。
7. 当化学反应停止时,将密封的袋子放在秤上。在实验记录本中记下袋子和里面东西的质量。
8. 回答分析问题9—15。

分 析

1. 拉瓦锡生活在何时何地?
2. 他的工作是什么?

3. 解释燃素理论。

4. 拉瓦锡就燃素理论有何看法?

5. 拉瓦锡使用什么类型的实验室技术?

6. 什么是质量守恒定律? 拉瓦锡的工作是怎样帮助确立这一定律的?

7. 玛丽·安妮在安托万·洛朗·拉瓦锡的研究中的作用是什么?

8. 化学反应是什么?

9. 在实验的第二部分,你怎样知道发生了一个化学反应?

10. 袋子中的化学反应是吸热的还是放热的?

11. 袋子及里面物质的质量 2 次测量有变化吗?

12. 根据质量守恒定律,在密闭系统中物质的质量将保持不变,不管系统内发生怎样的变化。允许在实验中物质混合时可能发生的差错,那么第二部分是否证明了质量守恒定律? 解释你的答案。

13. 这个实验是如何支持拉瓦锡的工作的?

14. 拉瓦锡称量化学物质的质量时非常仔细。对你来说,仔细称量实验第二部分前后的质量,为什么也是很重要的?

实验中将会发生什么?

直到 18 世纪中期,化学才作为一门科学存在。化学家先辈,古代的炼金术士只知道有 4 个元素:火、水、土和空气(图 3)。最早的化学家把努力的重点放在了解燃烧方面,他们认为这是最重要的化学反应。这些科学家认为,金属腐蚀以及动物呼吸也是燃烧的形式。

燃素被认为是每种物质都含有的易燃物质。科学家认为,当易燃物质燃烧时,燃素就被释放出来。例如,人们认为燃烧木材产生 2 种产品,灰(这是所谓的矿灰)和燃素。在类似的反应中,铁被认为是经过反应变成锈(另一种矿灰形式)和燃素。拉瓦锡发现了燃素理论的错误。通过细致的定量测量,拉瓦锡证明,当金属燃烧时,它的重量增加,因为吸收空气。拉瓦锡还证明,矿灰(木灰)与木炭的燃烧散发出气体。拉瓦锡的工作显示,燃素并不存在,而且在化学反应中,物质的总质量不发生变化。

图 3 炼金术的 4 种元素: (a) 土, (b) 空气, (c) 水和 (d) 火

与现实生活的联系

拉瓦锡对科学的兴趣并不局限于证明物质被保留在化学反应中。他还开发了一种命名化合物的方法,至今仍在使用。拉瓦锡驳斥了陈旧的用 4 元素看待事物的方法,把元素定义为任何不能被分解成更简单的东西。拉瓦锡还发现,空气是几种气体的混合物,而水是由氧和氢组成的。由于拉瓦锡做了很多定量的工作,非常仔细地测量反应物和生成物,所以他被公认为化学计量学的创始人,这是对化学反应中的材料进行量化的科学领域。

尽管拉瓦锡对化学有着强烈的兴趣,但是他从来没有把化学作为一种职业去追求。他接受了正式的法律培训,对法国政治有浓厚的兴趣。拉瓦锡大部分的时间是担任一个税吏。作为政府雇员,拉瓦锡积极推动他认为很重要的改进。拉瓦锡支持采用统一的公制测量单位,还试图引入改革,以帮助受到不公平征税的农民。拉瓦锡的一些意见使他背上了错误的罪名,认为他是政府的叛徒而被斩首。拉瓦锡死后不到2年,他的罪名被洗刷,政府向他的妻子转达了对他被处决的歉意。

想要了解更多吗?

参见附录中"我们的发现"。

实验 6　宇航员交换卡

题　目

宇航员对太空旅行的发展和探索作出了巨大贡献。

简　介

宇航员,或者"行星水手",是接受训练在太空旅行的人。已有的宇航员来自 34 个国家。500 多名训练有素的宇航员曾在太空旅行。在美国,由美国国家航空和航天局(NASA)监督太空的研究和宇航员的培训。

20 世纪 50 年代后期,早期的宇航员从有经验的飞行员中选拔出来。今天,有些专家和科学家,虽然不是飞行员,也可以在太空旅行。航天飞机上的 4 名人员的角色分别是指挥官、飞行员、任务专家和有效载荷专家。指挥官负责人员、飞行安全和飞行器。飞行员的工作是帮助指挥官操作飞行器。任务专家则要完成航天飞机的很多工作。有专门职责,但又没有接受美国宇航局训练的宇航员被称为有效载荷专家。在飞行中可能有几个由有效载荷专家来完成的任务。

由于空间飞行是一个相对年轻的科学分支,所以它见证了许多第一。在太空中的第一个生物不是人,而是一个名叫汉姆(Ham)的黑猩猩。1961 年 1 月,汉姆在"水星计划"中进行了 16 分钟的太空飞行。1961 年 4 月,苏联的尤里·加加林(Yuri Gagarin,1934—1968)成为太空第一人。1 个月后,美国航空航天局派艾伦·谢波德(Alan Shepherd,1923—1998)在自由

7号航天飞机上进行了15分钟的亚轨道飞行。差不多1年后，约翰·格伦（John Glenn，1921—　）驾驶友谊7号进行了环地球3周的飞行。第一个在月球上行走的宇航员是尼尔·阿姆斯特朗（Neil Armstrong，1930—　）和巴兹·奥尔德林（Buzz Aldrin，1930—　），这是在1969年，仅仅在太空第一人之后8年（图1）。在这个实验中，你要选择2名自己感兴趣的宇航员，研究他们对太空旅行的贡献，并与全班同学分享你的发现。

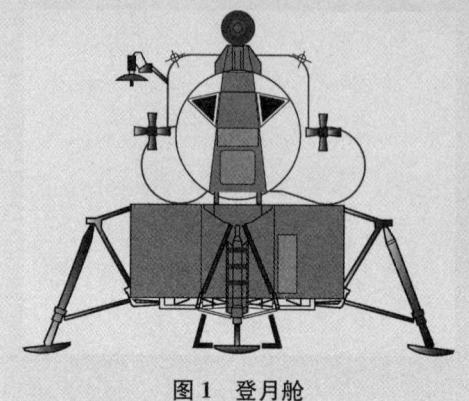

图1　登月舱

实验时间

第一部分 55 分钟
第二部分 30 分钟

实验材料

- 2 张索引卡
- 彩笔
- 胶水
- 剪刀
- 使用互联网
- 打印机
- 实验记录本

安全提示

请仔细阅读并遵守本书"实验前必读"中的"安全准则"。

实验步骤　第一部分

1. 利用互联网,访问网站 http://www.jsc.nasa.gov/Bios/more.html。
这个网站列出了宇航员的姓名和成就。近 500 名宇航员曾在太空旅行。
2. 选择 2 名自己感兴趣的宇航员,在教室黑板上写上他们的名字。尽量不要选择其他学生已经选择的名字。
3. 就你选择的名字在互联网上进行研究。查找有关每个宇航员如下的信息:
① 出生和死亡日期(如果适用的话)
② 家庭
③ 教育
④ 飞行任务
⑤ 在这些任务中的作用
⑥ 执行飞行任务时的年龄
⑦ 其他有趣的信息
⑧ 图片
4. 在实验记录本中记下你找到的信息(①到⑦)。
5. 打印宇航员的小图片。图片应该适合索引卡。
6. 用收集的图片和信息创建 2 个宇航员交换卡。你完成的卡应该包含所有所需资料,并须整齐、美观、色彩鲜艳。

第二部分

1. 和你的一个同学交换你的 2 张卡片。查看他们的卡片,并在你的实验记录本上写下关于他们宇航员的信息。
2. 继续交换卡片直到你收集了 10 名宇航员的信息。

分　析

1. 宇航员是做什么的?
2. 为什么你认为第一个"宇航员"是一只黑猩猩而不是人?

3. 把宇航员和任务搭配起来。

① 约翰·格伦　　　　　　　a. 太空中第一个美国宇航员

② 尼尔·阿姆斯特朗　　　　b. 第一个环地球飞行 3 次的宇航员

③ 艾伦·谢珀德　　　　　　c. 太空中的第一人

④ 尤里·加加林　　　　　　d. 第一个在月球行走的人之一

4. 列举一些太空旅行期间要求宇航员做的工作。

5. 从你的研究及阅读其他同学的交换卡来看,宇航员的平均年龄是多少?

实验中将会发生什么?

每隔 2 年就要选出新的宇航员。此项工作的申请者必须具备数学或理科某一领域的学位。身体方面,申请人须有 20/20 的视力(自然或当他们佩戴隐形眼镜或眼镜时),血压低于 140/90,身高从 157.5—190.5 厘米。训练难度很大,需要 2—3 年时间。

今天的宇航员接受训练是为了从事国际空间站(ISS)的工作,这是由来自美国、俄罗斯、日本、加拿大和巴西以及欧洲的机构共同组建的一个前哨基地。他们接收飞行器上所有零部件的指令,包括如何组装、如何在轨道上进行操作。宇航员必须能够在站外工作、出舱活动、进行实验、完成维护并使用机器人设备。

国际空间站上的任务将持续 3—6 个月。到 2010 年,宇航员将乘坐航天飞机到达国际空间站。之后,航天飞机将退役,宇航员将乘坐俄罗斯联盟号宇宙飞船前往空间站。为此,学员还必须精通联盟号的系统及其操作。

与现实生活的联系

1957 年,苏联发射一颗无人卫星"伴侣号",作为回应,美国总统德怀特·D.艾森豪威尔(Dwight D. Eisenhower,1890—1969)于 1958 年成立了美国国家航空航天局(NASA)。1959 年,7 名男子被选定接受"水星计划"的培训,这是一项把载人飞船送入轨道的任务。1961 年,约翰·肯尼迪(John F. Kennedy ,1917—1963)总统推进了太空计划,其做法是制定目标,到 10 年结束前,将人类送上月球并使其安全返回地球。虽然这似乎是一项几乎无法完成的任务,但是,在

1969年,当阿波罗11号上的宇航员们在月球上着陆时,他们实现了梦想。最终,12名宇航员在月球上行走。

月球探测计划之后,美国国家航空航天局研制了航天飞机——一艘可多次使用的飞船。第一艘航天飞机(图2)是1981年发射的。火星探路者号宇宙飞船于1997年离开地球去探索离我们最近的行星邻居。2000年,国际合作项目,国际空间站被送入指定地点。从这个前哨基地,科学家希望对太空及太空旅行有更多的了解以造福地球上的生命。

想要了解更多吗?

参见附录中"我们的发现"。

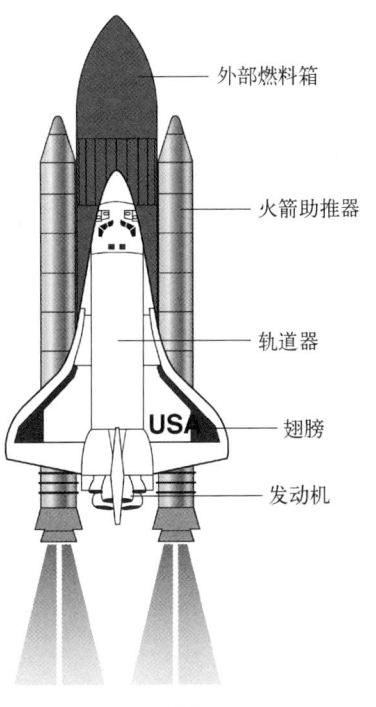

图2

实验7 简单的机械

题目

简单的机械使工作更容易完成,它们是我们日常生活的一部分。

简介

几乎我们做的每项工作都涉及6种简单机械中的一种或几种:杠杆、滑轮、螺旋、斜面、楔子和轮轴。简单机械之所以有用,是因为这些工具要么改变力的方向,要么使动力加倍,但所做的功并没有因为简单的机械而减少。从系统中得到的能量和功不可能比输入的更多。事实上,使用简单的机械,能量就以摩擦的形式损失掉了。然而,当使用简单的机械时,工作变得更容易,通常完成得也更快。因为输入系统的能量和从中得到的是相同的,所以下面的等式成立。

$$输入功 = 输出功$$

功(W)的定义是力(F)乘以距离(d),所以等式也可以写为

$$F_E d_E = F_R d_R$$

下标 E 代表"力",说明你投入到系统中的,你输入的力。下标 R 代表你从系统中得到的,输出的力。力的测量单位是牛顿(N),距离是米(m)。

举个例子说明如何使用这个公式。你可能希望把一台冰箱搬运到卡车的后面。基本上有2种方法可以做到:直接向上举起冰箱或者把冰箱由

一个斜坡推上车。斜坡显然使装运冰箱更容易。然而,由于输入功等于输出功,所以在2种情况下作了相同数量的功。有什么区别呢?使用坡道,冰箱行进的距离较长,但需要的力较少。工作做得快多少,容易多少代表了机械的机械优势(MA)。机械优势可以被定义为机械由此而使动力加倍的一种因素。一样MA为4的设备使你的动力增加4倍。然而,力的增加,其代价是距离的增加。同样的机械将要求你把力移动4倍远的距离。MA可以概括为阻力与动力之比。可以按2种方式计算MA:用动力去除阻力或者用阻力距离去除动力的距离。

$$MA = \frac{F_R}{F_E} \quad MA = \frac{d_E}{d_R}$$

在本实验中,你将复习简单机械的原理。

实验时间

55分钟

实验材料

- 使用互联网
- 手工纸
- 剪刀
- 彩笔
- 钢笔或铅笔
- 实验记录本

安全提示

请仔细阅读并遵守本书"实验前必读"中的"安全准则"。

实验步骤

1. 将手工纸折叠成6份。为此,对照图1,完成如下步骤:
① 将纸纵线对折。(图1a)
② 将纸纵线折成4份。(图1b)
③ 将纸横线折成3份。(图1c)
④ 将纸展开。沿着标注的折痕剪开。(图1d)
⑤ 将所有的纸瓣向中央折叠。(图1e)
2. 上网查找解释简单机械工作原理的网站。
3. 利用研究发现的信息,在每张纸片上画出6种简单机械中其中一种的图画并涂色。在图的下方写出机械的名字。
4. 在纸瓣里面,用钢笔或铅笔:
① 定义这个简单的机械。
② 命名此机械的6种用途。
③ 简短解释此机械如何使工作变得更容易。

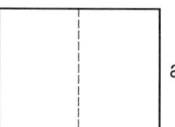
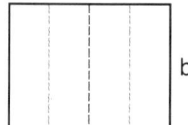
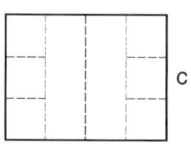
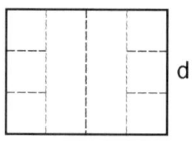
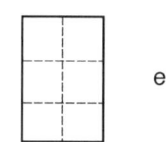

图1 折叠的手工纸

分析

1. 功的定义是什么?
2. 力、距离和功的单位是什么?
3. 简单的机械并不能改变做功的数量,那么它能改变什么?
4. 因为简单的机械并不能改变做功的数量,那么人们为什么使用它们呢?
5. 根据你的研究,把6种简单机械分成杠杆组或楔组。
6. 什么是机械优势?
7. 写出并解释机械优势的公式。
8. 什么是杠杆?
9. 杠杆的工作原理是什么?
10. 在图2的每个杠杆下完成标记,标明它是第一、第二还是第三类。然后,在3个杠杆上标注力、负荷和支点。
11. 描述一个滑轮。

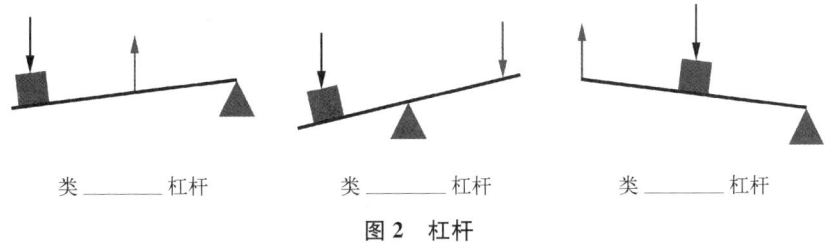

类 _____ 杠杆　　　类 _____ 杠杆　　　类 _____ 杠杆

图 2　杠杆

12. 滑轮所改变的是减少移动物体所需的力还是改变力移动的方向？
13. 解释定滑轮和动滑轮的区别。哪一个需要使用者用较少的力？
14. 什么是轮轴？
15. 轮轴的工作原理如何？
16. 什么是斜面？
17. 斜面是如何帮助你移动物体的？
18. 当倾斜度降低时，斜面的机械优势增加还是减少？给出你的解释。
19. 楔子和斜面有何不同？
20. 螺旋与斜面有何相似之处？
21. 螺距是什么？
22. 计算下列例子中的机械优势 MA：

① 马克想举起 1 块重 300 千克的石头。他把杠杆放在石头下，然后用他 100 千克的体重向下压。马克杠杆的机械优势是多少？

② 塔莎想要把她的旅行箱从汽车里搬运到她的宿舍。箱子重 50 斤，太重很难提起。塔莎把箱子从汽车里滚到手推车上，然后用 10 斤的力轻而易举地把箱子运到宿舍。手推车的机械优势是多少？

③ 有人想用滑轮提起 1 只 200 斤的盒子。滑轮的机械优势是 10。此人必须用少力才能把它举起？

实验中将会发生什么？

简单的机械都在我们身边。第一类的杠杆，在动力和阻力之间有支点，包括撬棍、剪刀、钳子、锡剪和游乐场的跷跷板。手推车和开瓶器是第二类杠杆。其中，阻力位于支点和动力之间。运动中使用许多第三类杠杆，这时，动力用于支点和阻力之间。网球拍、曲棍球棒、棒球棒、钓竿、高尔夫球球棒就是例子。滑轮可以是固定的,也可以是移动的。定滑轮不移动,它是通过改变力的方向使工作变得轻松;动滑轮是随负荷而上下移动,从而产生机械优势。拖车和旗杆都有滑轮。轮轴是由一起移动的2个不同大小的轮子组成的。水龙头把手、汽车和自行车的车轮都是轮轴。坡道是斜面的一个例子。其他的包括滑坡和自动扶梯。螺旋是把斜面缠绕在中心轴而改变了的斜面。斜面保持静止,而楔子是活动的。剪刀、指甲刀以及雪犁的前部都是楔子的例子。

实验中将会发生什么?

复杂的机械是由许多简单的机械组成的,它们共同合作使工作变得更轻松。汽车、自行车和割草机就是由简单机械的组合而构成的复杂机械。看一下自行车,你就可以看到构成它的一些简单的机械(图3)。自行车车架是用螺丝连接在一起的。自行车的车轮实际上是轮轴。脚踏板连接到使滑轮转动的杠杆上。自行车上的其他杠杆还有车把、手刹和换挡。这些组合在一起就构成了一个复杂的机械设备,可以相对轻松地做很多工作。

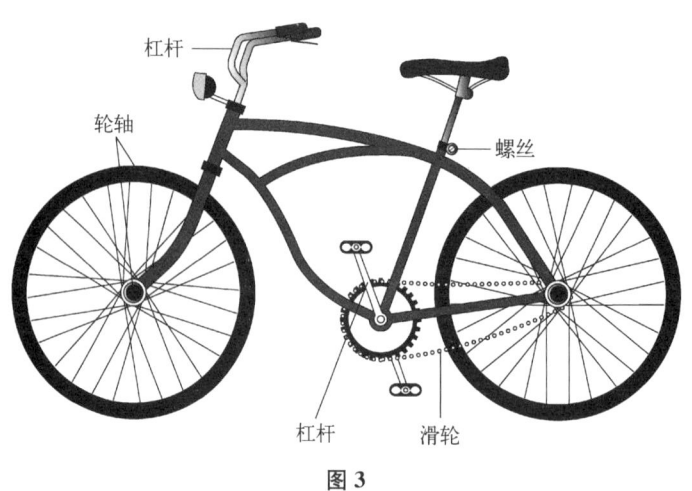

图 3

想要了解更多吗?

参见附录中"我们的发现"。

实验8　水解和脱水合成

题　目

球—棒模型可以演示碳水化合物的水解和脱水合成。

简　介

生物都是由无机和有机化合物组成。一般来说,无机化合物是那些不含碳元素的化合物。水是生物体中最重要的无机化合物。有机化合物最基本的元素——碳,在生物体内起重要作用。碳外部的价电子层有4个电子,使它能形成4个共价键。这些共价键可以在碳原子间或者在碳与其他元素之间产生。出于这个原因,碳容易形成长链以及环或其他结构,如图1所示。

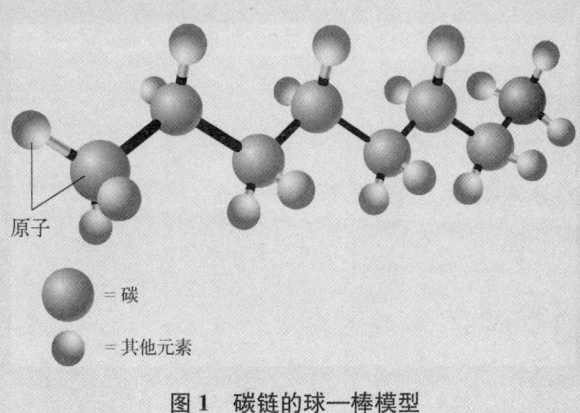

图1　碳链的球—棒模型

有4组基本的有机化合物：碳水化合物、脂类、蛋白质和核酸。前3个是我们饮食的重要组成部分。碳水化合物包括糖和淀粉，它们是由碳、氧和氢组成。碳水化合物是按大小和溶解度来分类的。最小的碳水化合物是单糖(monosaccharides)(mono指"一个"，saccharide指"糖")。单糖足够小，可以穿过细胞膜，这样它们就可以从血液进入细胞。葡萄糖是生物体中最重要的单糖，因为细胞可以分解这种简单的糖，产生ATP形式的能量。其他单糖包括两种不同形式的葡萄糖、果糖和半乳糖，以及分别在DNA和RNA中发现的糖、脱氧核糖和核糖。2个单糖在水解化学反应中可以结合形成二糖。二糖包括蔗糖、乳糖和奶糖。二糖不能穿过细胞膜，所以它们必须被分解成单糖才对身体有益。二糖分解成2个单糖需要水，而这一过程被称为水解。几个单糖可以形成的链叫做多糖("很多糖")链。虽然单糖易溶于水，但多糖不溶。一般来说，碳水化合物的分子越大，其分子就越难溶于水。这种不溶性使多糖成为极好的存储分子。3种重要的多糖是淀粉、糖原和纤维素。淀粉是一种植物产品，存在于诸如玉米和马铃薯类食品中。当我们吃这些食物时，我们的身体消化这些糖分子并把它们转变成我们的细胞可以利用的葡萄糖。纤维素也是植物制造的，但人类无法消化它。纤维素在饮食中是很重要的，因为它有助于使消化的食物通过肠道。糖原是一种多糖，它在动物组织内存储葡萄糖分子。如果血液中的葡萄糖水平升高，身体就把一些作为糖原储存起来。如果血液中的葡萄糖水平下降到低水平，身体就分解一些糖原并使其循环到血液中。在这个实验中，你将用模型来说明葡萄糖分子如何参与2个化学反应——水解和脱水合成。

实验时间

第一部分 55 分钟
第二部分 55 分钟

实验材料

- 球—棒模型(水果糖或者牙签)

- 彩笔
- 使用互联网
- 实验记录本

> **安全提示**
>
> 请仔细阅读并遵守本书"实验前必读"中的"安全准则"。

实验步骤　第一部分

1. 通过互联网搜索葡萄糖分子的环状结构。在你的实验记录本中画出环状结构。氢原子涂成蓝色，氧原子涂成红色，碳原子涂成绿色。
2. 搜索互联网，找到当葡萄糖分子经过脱水合成时，发生了什么。在你的实验记录本中画出2个葡萄糖分子发生脱水合成的过程。
3. 继续搜索，找到当二糖经过水解时，发生了什么。在你的实验记录本中画出二糖分子发生水解的过程。

第二部分

1. 使用球—棒模型（或水果糖或牙签），创建2个葡萄糖分子的模型。参考你实验记录本中的绘画。用蓝色球（或水果糖）代表氢原子，红色球（或水果糖）代表氧原子，绿色球（或水果糖）代表氢原子。
2. 使用葡萄糖分子的模型演示当它们经过脱水合成时，会发生什么。
3. 使用在步骤2中创建的模型演示水解过程中会发生什么。

分　析

1. 解释有机化合物和无机化合物的区别。
2. 为什么碳能够形成那么多种类的分子？
3. 定义脱水合成。

4. 定义水解。

5. 在脱水合成过程中，1个葡萄糖分子失去了1个羟基。那么，另一个葡萄糖分子失去了什么呢？

6. H 和 OH 形成什么？

7. 水解过程中，2 个连在一起的葡萄糖分子分离。在这个过程中，1 个葡萄糖分子获得 1 个 H。那么，另一个葡萄糖分子获得了什么？

实验中将会发生什么？

葡萄糖的环状结构是由5个碳原子和1个氧原子构成，一起形成一个环。第六个碳原子连接到氧原子左边的碳（图2）。5个羟基（OH）被添加到所有碳原子，除了氧左边的那一个，如图3所示。7个氢原子被添加到图3所示的位置。

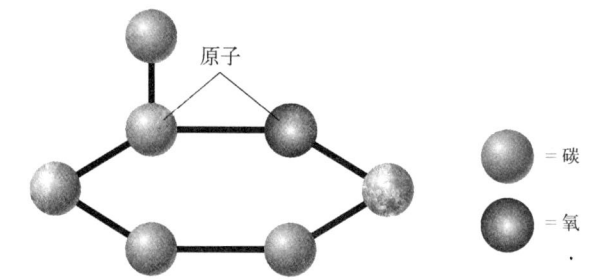

图 2　葡萄糖的球—棒模型

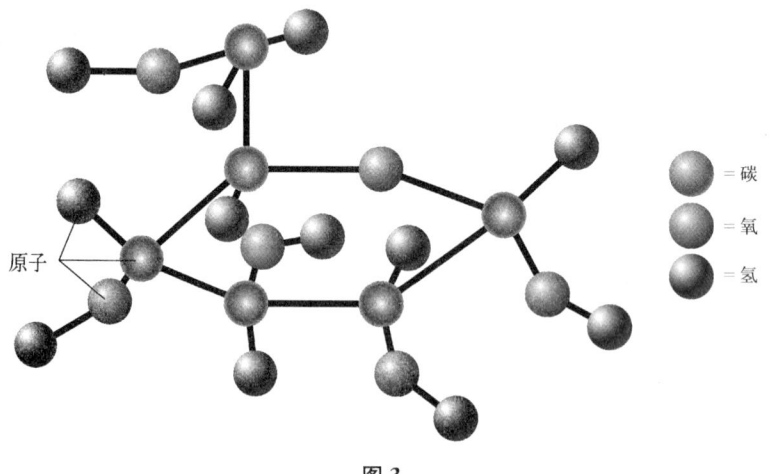

图 3

当2个葡萄糖分子结合,其化学反应被称为脱水合成。这是生产双糖和多糖的重要过程。在脱水合成期间,一个葡萄糖分子的烃基(OH)和另一个葡萄糖分子的氢(H)被去掉,露出两个分子的结合点(图4)。这一过程因此而得名,是因为事实上,2个葡萄糖分子失去了水(脱水)而形成一个新的分子(合成)。

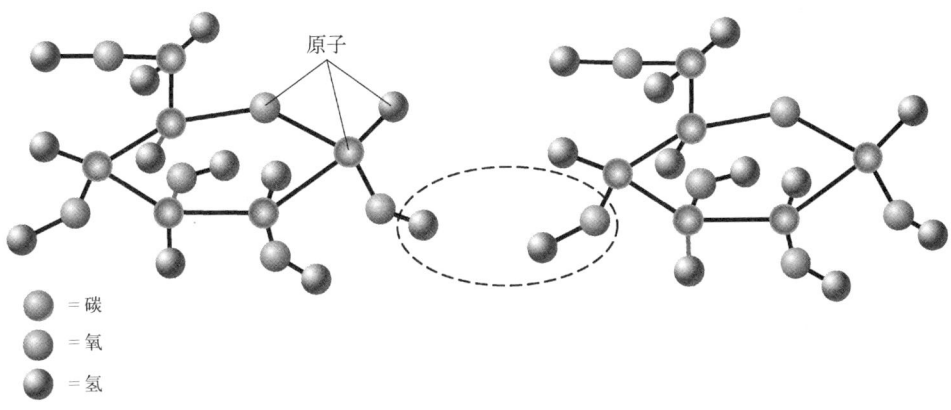

图 4

当二糖分解成2个葡萄糖分子时,发生逆反应。水解(分离水)是通过添加水而使分子分裂。在二糖水解过程中,氢(H)被添加到一个葡萄糖分子,而烃基(OH)被添加到另一个葡萄糖分子从而生成2个完整的分子。

与现实生活的联系

碳水化合物只是在生物体中发现的重要的有机化合物之一,其他3个是蛋白质、脂类和核酸。

蛋白质是由氨基酸组成的长分子。有20种不同的氨基酸,但它们都在一端具有相同的基本胺(NH_2)结构,另一端是有机酸组——羧基(COOH)。氨基酸之间的差异在于它们独特的侧基,也被称为R组。2个氨基酸结合在一起,靠的是脱水合成过程。2个氨基酸之间的连接被称为肽键。像碳水化合物一样,它们靠水解过程分离。

脂类是脂肪酸和甘油分子链组成的大型分子。它们包括保护身体、储存能量的脂肪和油(甘油三酯),在细胞膜中发现的磷脂和胆固醇中的类固醇。脂类不溶于水,但溶于有机溶剂,如醚和醇。生物中最大的分子是核酸,它是由碳、氢、氧、氮和磷组成的。核酸是由核苷酸的长链构成的。这两类核酸就是DNA和RNA。

想要了解更多吗？

参见附录中"我们的发现"。

实验9　利用云形预测天气

题　目

进行天气预测时,当地的云形非常有用。

简　介

正如你小时候可能已经注意到的,云有各种各样的形状和大小,有些看起来像动物,还有的可能使你想到小丑或怪物。但是,你可能还没有意识到,云的那些不同形状不仅只是激发你的想象力,云的形状、高度和颜色可以告诉你更多有关天气的状况。云分为4种基本类型:积云、层云、卷云和雨云。不同类型的云的名字来源于拉丁词根。积云的意思是"堆",这些都是蓬松的云彩,一般在天气晴朗时才能见到。层云表示"层",表示呈带状出现。卷云一词意味着"卷曲",而且这一名字描述的是薄而稀疏的云彩。最后,雨云的意思是"下雨"。雨云底部黑而平,以带来冰雹而著称。云还可以根据云底的高度进一步分类:最高层的云在英语中通常以 cirr-开头,而中间的以 alto-开头。不同类型的云与不同的天气有关,因此,天空中云形可以用来预测天气。在这个实验中,你将观察不同的云形,然后,用你的观察来预测天气。

实验时间

第一部分45分钟

第二部分 5 个时段,每段 15 分钟

实验材料

- 使用互联网
- 户外空间
- 实验记录本

安全提示

请仔细阅读并遵守本书"实验前必读"中的"安全准则"。

实验步骤　第一部分

利用互联网找到有关云类型的图片和信息,完成数据表1。

数 据 表 1

云类型	图片(草图)	描　述	高　度
高积云			
高层云			
卷积云			
卷层云			
卷　云			
积雨云			
积　云			
乱层云			
层积云			
层　云			

第二部分

1. 跟随你的老师到户外区,观察天空中云的种类。一定要注意低层,靠近地面的云和较高大气层的云。在数据表2中记录当前云的类型和它们的相对丰度(无、分散、众多、密集)。

2. 根据你对云形的观察,对当天的天气进行预测(温度及降水的可能性)。

3. 在这一天结束时,通过互联网查看天气,在数据表2中记录温度和降水的可能性或降水量。

4. 重复步骤1—3至少4天。

数据表2

天	云形	丰度	天气预测	实际天气(温度和降水)
1				
2				
3				
4				
5				

分析

1. 在你的实验中,什么样的云形出现在晴朗、宜人的日子?下雨的日子?雨天前的日子?

2. 与每天的天气预报相比,你的预测怎样?

3. 你能通过观察云而准确地预测天气吗?解释为什么能或不能?

4. 云形和丰度与一天的温度有怎样的关系?

5. 除了观察天空中的云,你还有什么方法能预测天气的模式?

实验中将会发生什么?

对于预测长期的天气,高海拔的云(卷层云、卷积云和卷云)比较低海拔的云更有用。如果高海拔的卷层云或卷积云很厚,通常会在未来 2—3 天下雨。快速移动的高空云意味着恶劣的天气将很快到来。薄卷云一般说明良好的天气就要来临。中间海拔的云通常可以预测某一确定日期的天气状况。高层云和高积云云层往往在降水前不到 24 小时出现。如果中高度的云在黑和亮的地方有鲜明的对比,那一天很可能要下雨。低云层一般表明一个区域当前的天气状况。小块、白色的膨胀积云被称为好天气积云,因此常见于良好天气。然而,这些云能迅速变成积雨云,带来强雷雨。层积云低而且凸凹不平。尽管它们可能呈灰色,但它们并不总是带来雨水。然而,它们可以在短时间内变成雨云。层云常常带来降雪或小雨,而雨层云通常是明确的下雨信号。

与现实生活的联系

云是由水蒸气和水汽在大气中凝结而产生的冰晶体组成。云中的水蒸气可以同样迅速地蒸发,就像它迅速浓缩形成云一样,这取决于温度和气压。不过,通常来说,如果云层变得非常大,水或积聚的冰就会降落到地面形成降雨。此类降水的类型主要取决于大气中的温度。即使地球表面温暖,在云层内大气仍然可能足够冷以至形成冰的晶体。不过,降雨必须穿过几"层"大气才能到达地面。当整个大气都很温暖,或者有温暖的空气靠近地面,通常会形成降雨。如果空气从云层到地面都是冷的,冰晶就稍稍融化,彼此粘连,形成雪花。如果大气中有一暖气层,但是靠近地面的空气很冷,那么当冰晶穿过温暖的空气时融化,然后当它们靠近地面时,再冻结成雨夹雪。当较高空的大气温暖,但地面寒冷时,雨水可能会降落后冻结,这被称为冻雨。

由于在高耸云内部的强烈的上升气流,积雨云(雷暴云)可以形成冰雹。随着冰雹被推高,冰晶逐渐增多,然后在云层内呈环形下降。当冰雹在云中变得太重无法承受时,就降落到地面上。冰雹一般很大,落地为冰,无论大气的温度如何。

想要了解更多吗?

参见附录中"我们的发现"。

实验 10　制作气候图表

题　目

当地的温度和降雨量可以用于制作气候图表。

简　介

天气可能每天在变。也许你每天查看天气预报,然后再决定穿什么衣

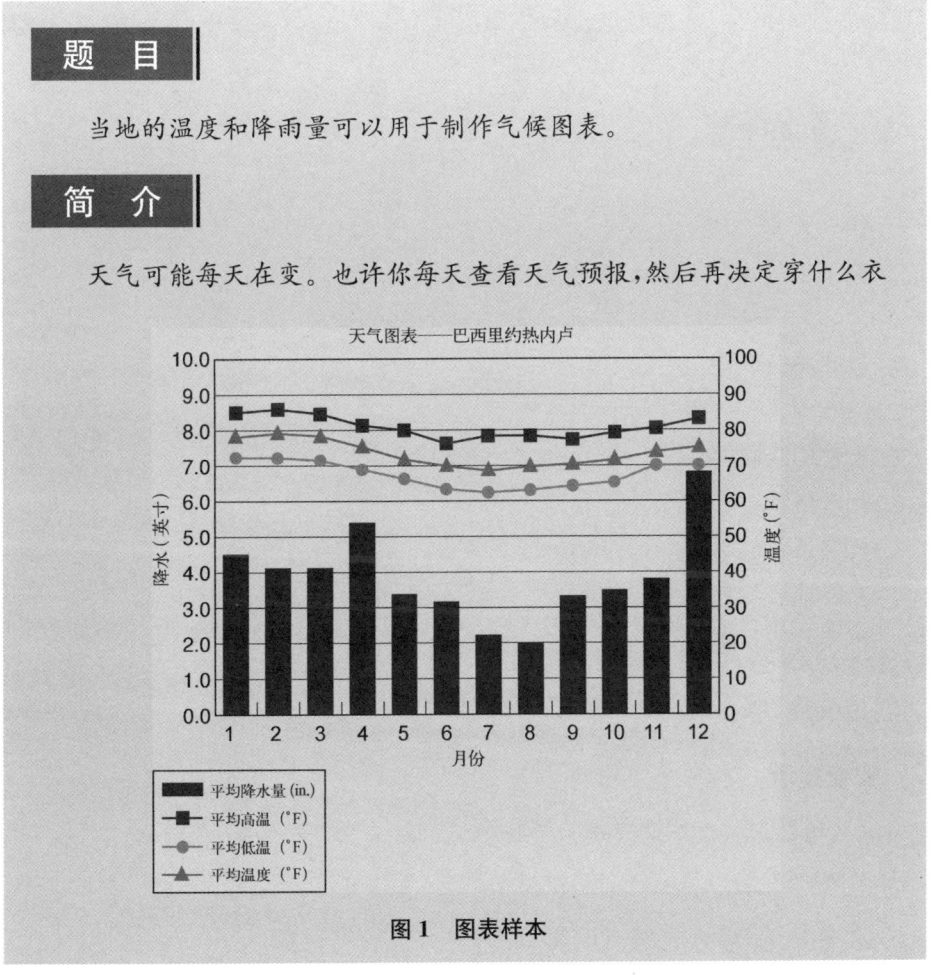

图1　图表样本

服或者离开家时是否带伞。尽管天气在某一地区可能每天有所不同,但是,一个地区的气候通常是可以预测的。气候是一个地区数年内天气的平均模式。

气候图表是线图和条形图的组合,显示的是某一地区的平均温度和降水量。在年气候图表中,平均月降水量被绘制为沿 x 轴的条形图,而平均月温度被绘制为线图(图1)。有时,平均最高温度和最低温度也分别绘制在图表上。通常,用于制作气候图表的信息是经过30多年或更长的时间编制出来的。在本实验中,你将制作一个小型的气候图表,编写和绘制你那一地区2周内的平均降水量和温度,然后,把它和这一地区实际的气候图表进行比较。

实验时间

第一天45分钟
接下来的13天,每天10分钟

实验材料

- 使用互联网
- 方格纸
- 格尺
- 彩笔
- 实验记录本

安全提示

请仔细阅读并遵守本书"实验前必读"中的"安全准则"。

实验步骤

1. 通过互联网查询当地的年天气图表,找到你所在地区过去一年内每月(包括本月)的温度和降水量。利用这些信息来制作一张年气候图表。为此:

① 制作一张图表,12个月的每个月份沿 x 轴排列,降水量沿 y 轴排列在右侧,温度沿 y 轴排列在左侧。

② 在 y 轴上作标记,这样每一厘米的降雨量与摄氏温度(℃)的10°相对应。

③ 利用天气图上的信息绘制条形图上的条形和线图上的点。

2. 每天上互联网查看当天的天气报道,连续进行14天。在实验记录本上记下报道。

3. 在数据表上记录你所在城市每天的平均温度和降雨量。

4. 制作图表,14天中每一天沿 x 轴排列,降雨量在右侧沿 y 轴排列,温度在左侧沿 y 轴排列。在 y 轴上作标记,这样,每一厘米的降雨量对应每10℃。

数 据 表

天	1	2	3	4	5	6	7	8	9	10	11	12	13	14
平均温度														
降雨量														

分 析

1. 检查第一步制作的气候图表。去年同月的平均温度和降雨量是多少?

2. 你的小型(14天)气候图表中的温度和降雨量与第一步完成的年气候图表中的本月相比如何?

3. 研究你所在地区的气候并找到你们地区的已完成的气候图表。这张图表与第一步制作的图表相比如何?

4. 解释为什么根据一年的数据制作的气候图表可能与长期气候图表不同?

5. 什么因素可能会引起某一地区的天气今天与明天的不同?今年与明年的不同?

实验中将会发生什么？

官方气候图表的制作通常是利用经过几十年汇编的某一地区的温度和降雨量的数据。进行冗长数据汇编的原因是确保图表中的数据不会因为那些高于或低于正常年份的数据而受到扭曲。在任何一年，某一地区的温度和降水量都可能因为几个因素而剧烈波动，包括厄尔尼诺和拉尼娜事件及全球变暖。所以，如果某些年份的平均水平高于或低于其他年份，那么事实上用于找到平均数的很多年份就可以弥补发生的任何变动。气候图表说明了某一地区的气候。纬度、海拔、地形、雪或冰覆盖、洋流和大气状况都可以影响到一个地区的气候。从全球来看，气候可用于把地区划分为各个生物群落，它们是气候相似的地区。由于生物群落通常是地理上相似的地区而且有相似的气候，它们往往含有类似的生物种类。所以，由于那一地区的特殊的气候类型，生物群落会有独特的植物和动物物种。

与现实生活的联系

一个地区，一段时间内的气候可能会因为自然发生的现象而改变。空气和水流的移动，如厄尔尼诺和拉尼娜现象可能在全球的大部分地方造成天气模式的经常变化。此外，阳光的强度也可能影响气候。阳光强度的变化周期是 11 年，而且也可能长期改变。其他自然现象，如火山喷发，可以在几年的时间内显著地改变一个地区的气候。

近年来，全球的气候由于人类的活动而发生了变化。自从 19 世纪后期的工业革命以来，人类就依靠化石燃料，如煤和石油产品进行工业生产和运输。化石燃料的燃烧助长了大气中二氧化碳和其他温室气体数量的增加。温室气体在地球表面附近吸收了来自太阳的热量，使温度升高，这就是被叫做全球变暖的现象。全球变暖导致在过去的 100 年内全球的平均温度上升了几度。虽然这种上升似乎并不是一个大的数目，但是它可能打破存在于地球上很多生态系统中微妙的平衡。

想要了解更多吗？

参见附录中"我们的发现"。

实验 11　测绘雷击

题　目

某些地区雷击的数量可以用图表进行分析。

简　介

闪电是大自然中所呈现的最美的天气现象之一(图 1)。然而,它也是人类已知的最危险的天气事件之一。本质上来讲,闪电是发生在大气中的放电现象,通常伴随雷暴。暴风雨期间,闪电可能发生在积雨云(雷暴云)两个区域之间、两块完全不同的云之间或者云与地面之间。

图 1　闪电是一种电的释放

科学家已经记载并命名了几种不同类型的雷击，所以，他们了解这些绚丽的闪光背后的基本物理原理。然而，在许多科学领域，闪电的真正原因仍在讨论中。在大气层中，要么在大积雨云的上层和下层区域之间，要么在云和地面之间存在电荷差异时，就会发生闪电。这种电荷的差异产生放电，其行进速度超过6万米/秒，温度超过3万℃。一个地区的大气和地质条件可能会影响某一特定地区的雷击频率。在本实验中，你将在不同的地区测绘雷击，并制作图表，比较这些不同地区的雷击频率。

实验时间

每天30分钟，共3天

实验材料

- 方格纸
- 格尺
- 彩笔
- 使用互联网
- 实验记录本

安全提示

请仔细阅读并遵守本书"实验前必读"中的"安全准则"。

实验步骤

1. 从你老师提供的清单中选择你认为经历闪电最多的4个地区。在实验记录本中记下这些地区的名字。4个当中，你认为哪里的雷击最多？在数据表的第一排写下这个地区。

2. 在数据表中第二排写下你认为雷击数量第二多的地区,第三多的地区写在第三排,雷击最少的地区写在第四排。

3. 回答分析问题1。

4. 访问 intellicast.com 网站的在线雷击探测器,网址为:

http://www.intellicast.com/Storm/Severe/Lightning.aspx。此网站显示美国地图,并标明前一小时遭受闪电袭击的地区。

5. 在数据表上,记下你列出的每个地区发生雷击的数量。在"首次观察的雷击"一栏中记录这些雷击。

6. 在同一天的另一时间或另一天就其他两种情况重复步骤4和5。

7. 在"相关天气图"下,点击"当前雷达"。查看你列在数据表中的4个地区,观察当前雷达显示的降雨量是否与雷击的数量有关。在实验记录本中记录你的发现。

8. 在"相关天气图"下,点击"今天的预报"。查看你列在数据表中的4个地区,观察显示的天气模式是否与雷击的数量有关。比如,在发生闪电的地方有先兆吗?在实验记录本中记录你的发现。

9. 回答分析问题1—5。

数 据 表

地 区	第一次观察的雷击	第二次观察的雷击	第三次观察的雷击
1			
2			
3			
4			

分 析

1. 你认为什么因素能增加某一地区的闪电频率?为什么认为是这样?

2. 制作一张线图,标注4个不同的地区(每个地区用不同的颜色)在3次观察期间的雷击情况。

3. 你观察的哪一个地区雷击的频率最大？哪一个最小？
4. 这个信息与你希望发现的一致吗？为什么一致或不一致？
5. 描述受到雷击最多地区的天气状况。

实验中将会发生什么？

当大气中两个区域存在静电电荷的差异时，就会形成闪电。产生电荷差异的原因尚不清楚，但科学家们认为这是由于在雷雨期间形成的巨大积雨云中旋转的冰粒子之间的碰撞形成的。当冰粒子碰撞时，电子从水分子中分离出来，在云的底部形成带负电的区域，而云的顶部形成带正电的区域（图2）。

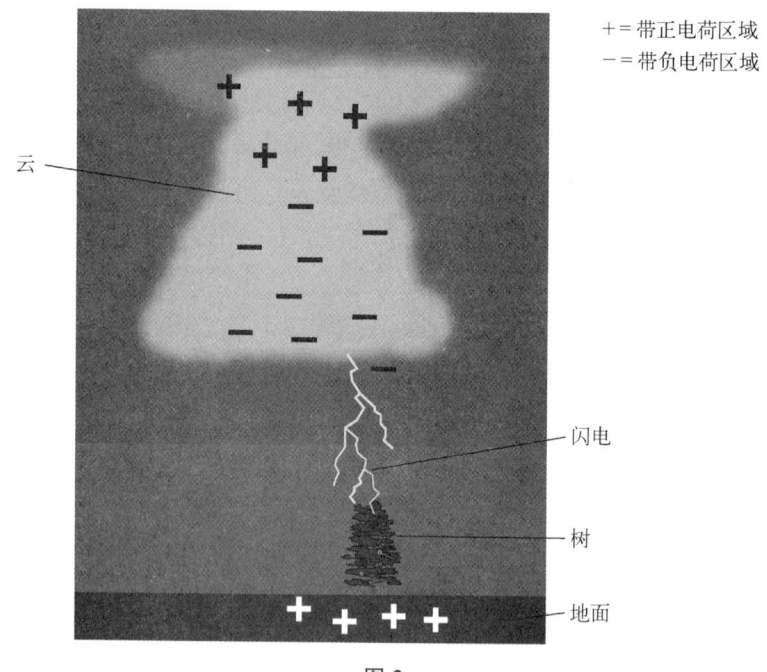

图 2

通常情况下，在云层内部或者甚至在不同云层的两个带相反电荷的区域之间，电荷的差异将以雷击的形式被释放掉。不过，在雷雨发生的很多时候，地面是带正电的。最终，云内的负电荷被地面的正电荷吸引，形成连接云与地面的雷击。有些土壤类型，如沙土，比其他类型的土壤更可能传导电荷，因而也就遭到更多云—地的雷击。

与现实生活的联系

雷雨是由积雨云产生的,当暖湿空气的前部与较冷空气的前部碰撞时,就会出现积雨云。当两片云的前部碰撞到一起,包含在暖空气中的湿气凝结,形成高耸云。当云聚集太多凝结的水,就形成雨,降落下来。有时冰雹伴随雨而产生。冰雹是云和循环气流内的寒冷地带形成的冰聚集的结果。当冰的晶体在云内盘旋,它们因为越积越多而变大,形成冰雹。

温差、空气的循环和冰雹使云聚集了不同区域的带电粒子。正电区与负电区之间的放电产生雷击,雷击又引起空气分子快速膨胀。这种快速膨胀产生声波,导致人们所熟知的巨大响声——雷。听者感觉到的雷声,可能从尖而响亮的爆炸声到长而低沉的隆隆声。雷雨期间,人们先看到闪电,后听到雷声,这是因为光行进的速度快于声速。因此,如果雷雨靠近观察者,那么观察者几乎就会在看到闪电的同时听到雷声。当雷雨在远处,人们先看到闪电,几秒钟后听到雷声。

想要了解更多吗?

参见附录中"我们的发现"。

实验 12 人体寄生虫

题 目

人类可能感染各种各样的寄生虫。

简 介

像所有生物一样,人类很容易受到广泛的寄生虫的影响。被归类为寄生虫的生物大半生时间是在寄主身上或体内度过的,并从那里得到营养和保护。生活在寄主体外的寄生虫是体外寄生虫,如图 1 所示的跳蚤。生活在寄主体内的是体内寄生虫,如图 2 的蛔虫。有些寄生虫很少损害它们的寄主,而其他的则削弱,甚至杀死它们赖以生存的生物体。人体寄生虫可能是病毒、细菌、真菌、原生动物、节肢动物或蠕虫。最后两种类型的生物是动物。节肢动物有坚硬的外骨骼和接合附属物,包括跳蚤和扁虱。蠕虫是寄生蠕虫,如蛔虫或绦虫。

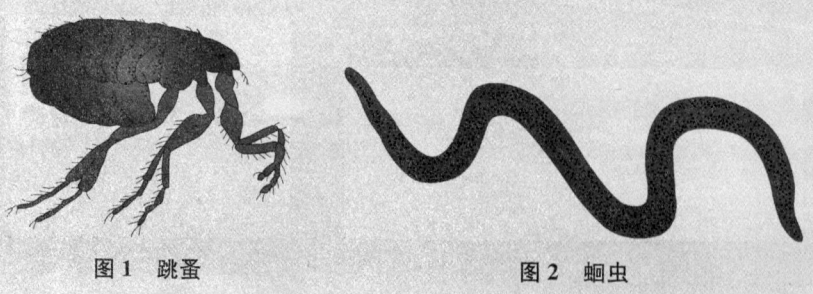

图 1 跳蚤　　　　　　图 2 蛔虫

体内寄生虫通过口腔或者皮肤进入体内。通过口腔侵入的那些寄生虫可能停留在肠道,它们也可能钻过肠道侵入其他组织和器官。穿透皮肤的寄生虫要么直接钻入,要么由昆虫的刺吸口器带入。在世界的某些地区,寄生虫感染是最危险、最常见的疾病。正因为如此,科学家们正在不断努力,以便更好地了解如何能阻断每个寄生虫的生命周期。在这个实验中,你将成为某种人类寄生虫的一名专家。

实验时间

第一部分 45 分钟
第二部分 55 分钟

实验材料

- 使用互联网
- 彩笔(或带打印机的电脑)
- 实验记录本

安全提示

请仔细阅读并遵守本书"实验前必读"中的"安全准则"。

实验步骤 第一部分

1. 从下列清单中选出一种人类寄生虫进行研究。

棘阿米巴	利什曼原虫
十二指肠钩虫	盘尾丝虫
(和/或美洲钩虫)	虱病(体虱)

蛔虫	恶性疟原虫
大肠杆菌	绦虫
隐孢子虫属	弓首蛔虫
麦地那龙线虫	弓形虫
阿米巴	旋毛虫
蛲虫	布氏锥虫
肝片吸虫	曼氏血吸虫(和/或
贾第鞭毛虫	埃及血吸虫和 S.
颚口(线)虫属	血吸虫)
微小膜壳绦虫	班氏丝虫

2. 利用互联网研究你选择的寄生虫。找到所有数据表上要求的信息并把你的发现记录下来。

数 据 表

题　　目	你 的 记 录
寄生虫的通用名字	
由寄生虫引起的疾病的名字(如果可用)	
发现寄生虫的地理区域	
寄生虫的生命周期	
生物类型(细菌、原生动物、真菌、植物、动物)	
感染寄生虫的症状	
寄生虫的医学疗法	

第二部分

1. 把你的发现放在你自己设计的精美小册子中。小册子至少包括 2 张图片。小册子要整齐、色彩艳丽和翔实。你既可以在小册子上写和画，也可以利用电脑和打印机。

2. 在你小册子的最后一页，提出你对消除人体内寄生虫感染的建议。

3. 和同学一起分享你的小册子。

分 析

1. 用你自己的语言,定义寄主。
2. 列出寄生虫影响人类寄主的3种方式。
3. 解释为什么大多数的寄生虫感染是非致命的。
4. 美国的温暖、潮湿的地方比凉爽、干燥的地方更支持寄生虫感染。你认为为什么会这样?
5. 你认为全球变暖是怎样影响由蚊子传播的疾病——疟疾蔓延的?

实验中将会发生什么?

人们采取了许多策略,努力消除寄生虫感染。最常见的寄生虫感染之一——疟疾是一种危及生命的疾病,每天夺去约3000人的生命。这种引起疟疾的寄生虫是由雌性按蚊传播的。预防疟疾的最好办法是避免被叮咬。一个非常有效的预防工具是在寝具周围支起蚊帐。然而,疟疾仍然很常见。一个人一旦被叮咬,必须服用抗疟疾药物来控制这种疾病。

一个成功抗击寄生虫感染的报道是真正地消除几内亚蠕虫。这些动物需要进入水体,如小溪或池塘,因为蠕虫的幼虫生活在水蚤上(图3)。当人们喝水时,他们就喝进小跳蚤并被几内亚蠕虫感染。雌虫在体内成熟后,就从寄主身上显现出来,引起极度疼痛。所以,努力消除寄生虫的重点放在了告诫人们净化他们的水源上。

与现实生活的联系

寄生虫可以侵入人体的任何部分。每类寄生虫都高度适应其特定的小生态环境。寄生虫所表现的适应性也发生变化,这取决于它们在哪生存,如何获得食物。例如,绦虫长而平,像彩带,它们的头上有吸盘或挂钩,使它们有可能吸附在寄主肠子的内侧。它们不需要嘴巴或消化道系统,因为它们通过皮肤直接吸收它们的寄主已经消化的食物。由于它们被食物包围着,成年生活在一个地方,所以,它们不需要眼睛或其附属件。

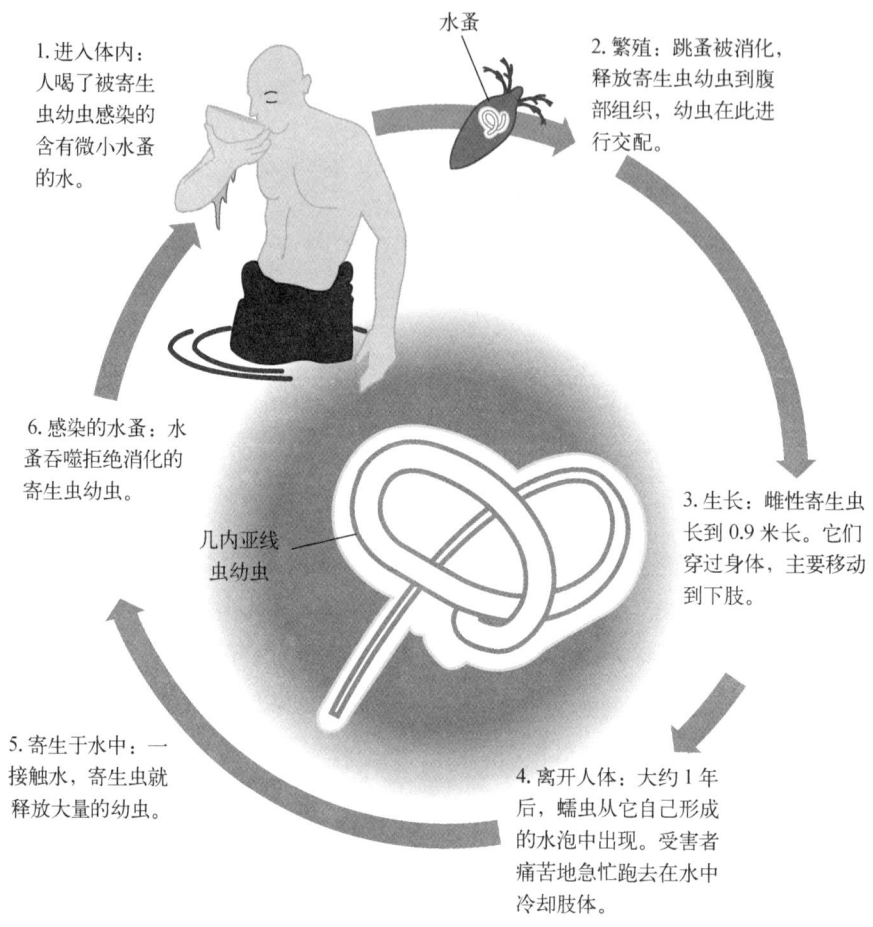

图 3 几内亚线虫的生命周期

肠吸虫是小的、扁平的蠕虫,用吸盘与它们寄主的组织相连。该吸虫的身体覆盖着厚厚的角质层,以保护它们不受寄主强烈的消化液的伤害。

想要了解更多吗?

参见附录中"我们的发现"。

实验 13　岩石和矿物质

题　目

岩石是由几种不同的矿物质组成的，其中每种都有具体的化学成分。

简　介

岩石是不同种矿物质的混合物，根据它们的成因分成 3 种不同的类型。火成岩是在岩浆（熔化的热的岩石）冷却和凝固时形成的。岩浆来自地球深处，那里温度极高，压力极大。沉积岩是火成岩或变质岩被打碎或被风化成小块时形成的。随着时间的推移，岩石碎片和矿物质沉积到地表。最终，它们形成胶结在一起的多层结构。像沉积岩一样，变质岩也是从先前存在的岩石演变而来。在这种情况下，岩石承受着高温或者高压，以卷曲、分层或者折叠的形式存在。极热的变质岩变成火成岩。这种岩石物质变成其他类型物质的转变叫做岩石周期（图1）。岩石是由几种不同类型的矿物质组成，它们都是自然形成的化学成分独特的结晶物质。晶体是其原子按固定的、重复模式排列的几何固体。图 2 中显示了几种晶体。矿物质有序的原子结构赋予了它独特的物理特性。在这个实验中，你将研究构成岩石的其中一种矿物质。

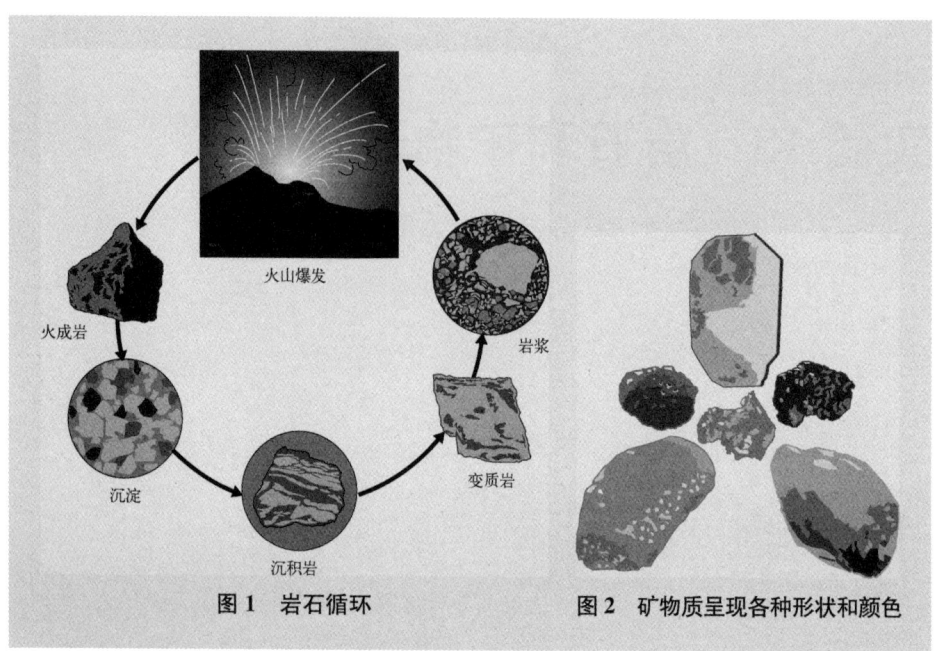

图 1　岩石循环　　　　图 2　矿物质呈现各种形状和颜色

实验时间

两个 55 分钟的时间段

实验材料

- 使用互联网
- 硬纸张或海报纸
- 剪刀
- 胶水
- 胶带
- 实验记录本

> **安全提示**
>
> 请仔细阅读并遵守本书"实验前必读"中的"安全准则"。

实验步骤

1. 从下列清单中选择一种矿物质。

磷灰石	刚玉	白云母
辉石	赤铜矿	黄绿
石青	钻石	石英
重晶石	白云石	蛇纹石
矾土	萤石	黄铁矿
绿玉	方铅矿	银
黑云母	石榴石	硫
方解石	海绿石	滑石
辉铜矿	黄金	楣
铬铁矿	石墨	黄玉
辰砂	石膏	绿松石
铜	岩盐	黝帘石

2. 上网研究你选择的矿物质。在实验记录本中记录你的研究结果。你将用你的研究结果制作一个信息立方体并回答分析问题。

3. 制作一个立方体。为此：

① 在硬纸上描绘立方体的图案(图3)。

② 沿虚线将立体图案剪开。

③ 按实线折起立方体。

④ 用胶水或胶带将立方体粘到一起。

4. 立方体有 6 个面。把你的研究结果按如下方式放在每个面上：

第一面：名字；化学式

第二面：颜色

第三面：它被发现的地方

第四面：用途

第五面：硬度和比重

第六面：光泽和条纹

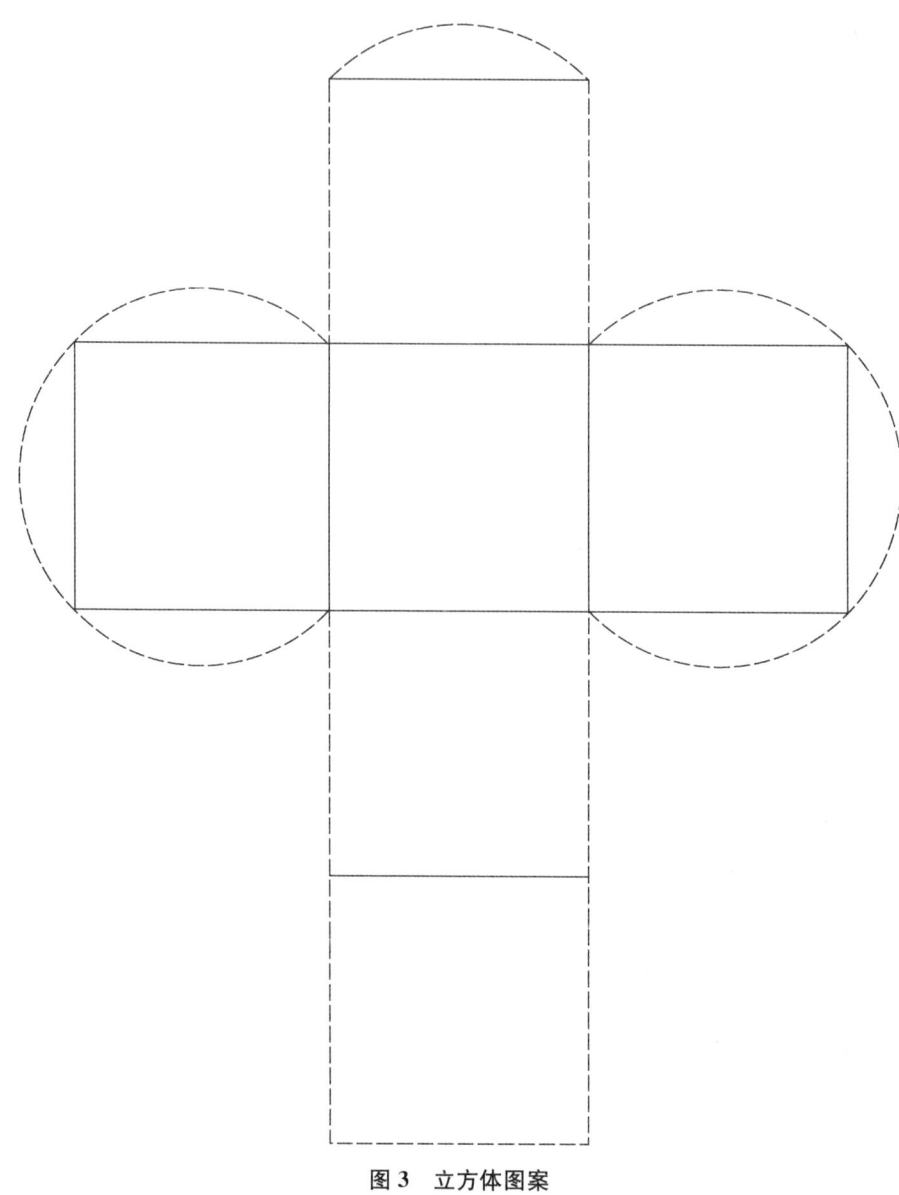

图 3 立方体图案

分　析

1. 用你自己的话,解释一种矿物质是怎样经历岩石周期的。
2. 岩石和矿物质的区别是什么?

3. 你研究的那种矿物质的组成元素是什么?

4. 蛋白石是非常漂亮的石头,用于制作首饰。蛋白石是天然形成的固体,缺少有序的内部结构。你会把它归类为矿物质吗?为什么会或为什么不会呢?

5. 写一句话,描述你选择的矿物质的物理特性。

实验中将会发生什么?

据专家估计,地球上大约有2000种不同的矿物质。其中常见的只有20种,它们中的10种构成了90%的地壳。但有几种是元素,如铜、银、金和铅。最常见的矿物质是硅酸盐,它是由地球上最常见的两种元素氧和硅组成的化合物。硅酸盐可以由其独特的特性来识别:它们不透明,不溶于酸,重量轻。石英是我们所熟悉的硅酸盐。其他的还有橄榄石、宝石和云母,早期的居民曾用它们遮挡窗户。

其他种类的矿物质,即非硅酸盐包括碳酸盐、氧化物、硫化物、磷酸盐和盐。碳酸盐是透明的,有特征密度,并溶于酸性溶液。石灰石是由碳酸盐组成的。氧化物是一个多元化的群体,既包括硬的,也包括软的矿物质,其颜色变化由白到黑。铁的氧化物或磁铁矿,是一种天然的磁性化合物。硫化物一般是金属的、不透明,硬度中等,密度较高。许多硫化物如银、铅、铜的硫化物,在经济上很重要。磷酸盐是变化很大的一个群体,通常色彩强烈,密度中等以上。磷酸盐磷灰石可以在所有脊椎动物的尸骨和牙齿中发现。盐是由金属和非金属组成的化合物。氯化钠或普通食盐,是所有动物饮食中重要的化合物。

与现实生活的联系

从灯泡到牙膏再到早餐谷物,我们每天都在使用矿物质。灯泡含有玻璃,玻璃是用硅石、石灰岩、煤炭和盐制成的。白炽灯灯泡的灯丝是用钨、铜、镍和钼制成的。牙膏含有研磨的矿物质,如铝、石灰石、硅石,以去除牙齿上的牙菌斑。许多种牙膏含氟,目的是帮助加强牙齿的珐琅质。白色的牙膏以及有些产品中看到的发光都是因为有矿物质。因为要想保持健康,我们的饮食中必须具有几种矿物质,所以,平衡的饮食非常必要。铁是我们从所吃的红肉中得到的一种矿物质,它能帮助我们的身体制造血红细胞。来自牛奶及其他奶制品中的钙,在骨骼和牙齿的形成以及神经脉冲的传递方面是必需的。饮食中其他主要的矿物质有磷、镁、钠、钾、氯和硫。我们只需要微量的矿物质包括锰、铜、碘、锌、钴、氟和硒。

想要了解更多吗？

参见附录中"我们的发现"。

实验 14　呼吸演示

题　目

呼吸的过程可以用模型演示。

简　介

你可能很少想到呼吸,但它却是你每分钟进行大约 20 次的活动。呼吸是把氧带给血液然后带走二氧化碳这一双向呼吸过程中的一步。呼吸系统把空气吸入肺部,如图 1 所示。被吸入的空气中的氧穿过肺部组织扩散到血液,血液再把它输送到各个细胞。在细胞内部,进行呼吸的下一步。内部或细胞呼吸是化学过程,在这一过程中,葡萄糖与氧结合,产生使细胞运转的能量。细胞呼吸过程中产生的二氧化碳气体由血液传送到肺部。当你呼气时,排出这种废气。

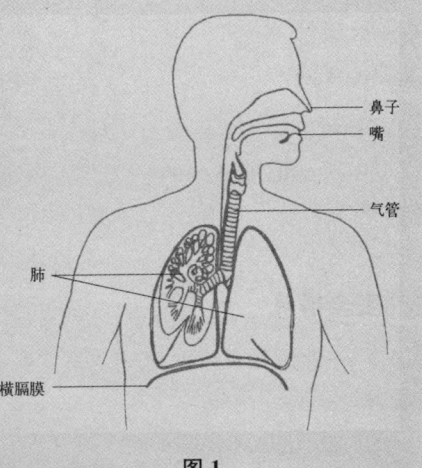

图 1

身体中负责外部呼吸的部分是呼吸系统。由于肺内肺外不同的空气压力,所以空气能进入呼吸系统。在这个实验中,你将进行研究,以便发现为什么空气进入或离开肺部,然后开发一个模型,演示呼吸原理。

实验时间

两个 55 分钟的时间段

实验材料

- 使用互联网
- 剪刀
- 胶水
- 胶带
- 米尺
- 硬纸
- 橡皮筋
- 2 升的空瓶
- 小的塑料垃圾袋
- 吸管
- 气球
- 黏土
- 实验记录本

安全提示

请仔细阅读并遵守本书"实验前必读"中的"安全准则"。

实验步骤

1. 上网进行研究,了解呼吸系统的结构。利用学到的内容帮助你回答分析问题 1—6。

2. 在研究过程中,找到吸气和呼气时,能显示气压作用的肺部图。把图勾画在你的实验记录本中。标注图中所有部位的名称并解释在每部位内发生的情况。

3. 根据你的研究和你的草图,利用教师提供的材料,创建一个肺部的工作模型。

你的模型必须满足以下标准:

① 必须表现出气管、肺和横膈膜。

② 由于气压的改变,模型"肺"必须能膨胀。

③ 由于气压的改变,模型"肺"必须能收缩。

4. 回答分析问题7—9。

分 析

1. 描述空气从体外进入肺部的路线。

2. 描述肺泡。它的作用是什么?

3. 横膈膜是什么?它的作用是什么?

4. 当横膈膜收缩,胸腔被迫向上、向外。这会引起空气流入或流出肺部吗?为什么?

5. 当横膈膜松弛,它在胸腔内向上移动。这会引起空气流入或流出肺部吗?为什么?

6. 玻意耳定律是如何帮助解释肺功能的?

7. 在你的模型中,什么代表气管?什么代表肺部?什么代表横膈膜?

8. 你的模型如何显示肺部膨胀?

9. 你的模型如何显示玻意耳定律在吸气和呼气时的作用?

实验中将会发生什么?

当你吸气时,空气从外部环境进入你的肺部。这种空气流动是一个被动的过程,在此过程中,空气从高压区流向低压区。吸气使胸腔扩张,增加了胸部的空间,使肺部扩大(图2)。

随着肺部体积的增加,内部空气的压力就减小,这是玻意耳定律解释的现象。根据玻意耳定律的说法,气体体积的增加会降低压力,空气自然地从高压区

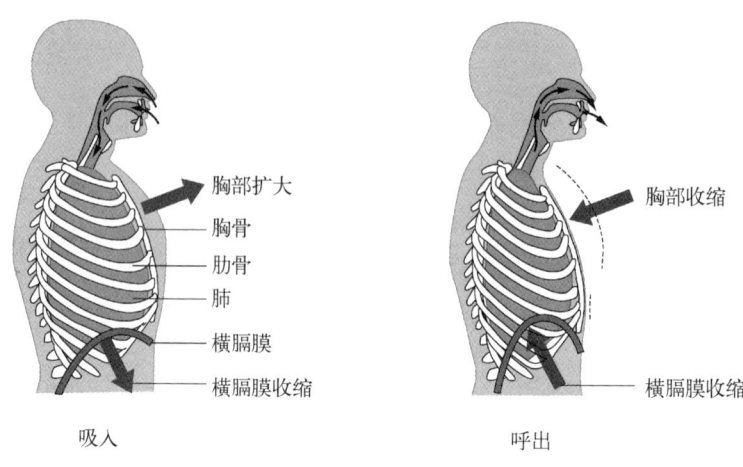

吸入　　　　　　　　　　　呼出

图 2

流向低压区。当你呼气时，横膈膜松弛，向上移动，减小了胸腔的大小和肺部的体积。当肺部的体积减小时，内部的压力就增加。空气就从肺内流向压力较低的外部。

与现实生活的联系

任何干扰肺扩张能力或者肺泡功能的情况或疾病都会引起严重的呼吸问题。一种情况是气胸，这是空气在肺外部空间的积累。空气积聚在胸膜腔—肺与胸壁之间的区域，阻止了肺部的扩张。结果，肺塌陷并对心脏和其他肺部位造成压力。气胸的症状包括胸部疼痛和呼吸急促。严重气胸的治疗方法是把管子插入到胸膜腔，引出空气。这种治疗使瘪肺重新膨胀并消除对心脏和其他肺部位的压力。气胸的原因包括穿透肺部的伤害、肿瘤、感染或物体阻塞气道等。

肺炎是任何肺泡由于病原体而感染的总称，病原体如细菌、病毒或真菌等。感染的生物体通常是被吸入的，但也可能被血流带到肺部。肺炎的症状包括咳嗽，同时产生黏痰，以及发热和轻度胸痛。治疗包括深呼吸练习、药物，如抗生素，如果需要的话还可以进行补氧。

想要了解更多吗？

参见附录中"我们的发现"。

实验 15　纳米科学

题　目

纳米科学是在微观层面上进行研究的。

简　介

纳米科学(nanoscience)是常规科学延伸到对微小物体研究的一门科学。在时间或长度单位上,"纳米"是指该单位的十亿分之一。因此,纳米(nm)是十亿分之一米(m),或 10^{-9} m。大多数纳米科学研究涉及的材料都小于 100 nm。为了正确地理解纳米,仔细看看距离的测量。如果从你身体的一侧伸直你的右臂,那么,从你的鼻子到你指尖的距离大约为 1 米(m)。1 米的千分之一是 1 毫米(mm),大约硬币的厚度。1 毫米的千分之一是 1 微米(μm),小到无法用肉眼看到。一个细菌细胞的直径约为 1 微米(图 1)。1 纳米(nm)是 1 微米的千分之一。这就意味着 1 米中有 10 亿个纳米。

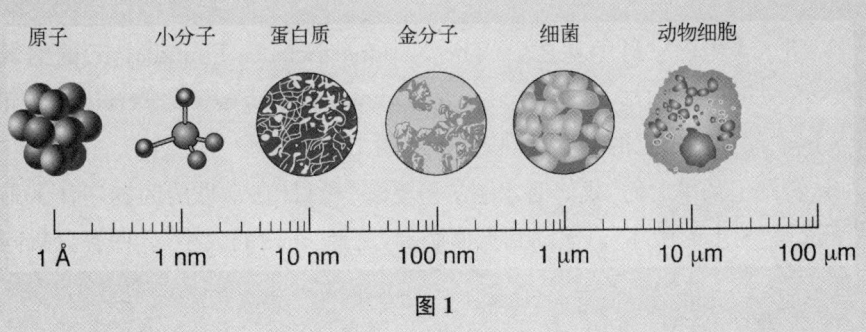

图 1

为了了解一些纳米科学，思考下面的例子：

把几个水分子填满直径为 1 nm 的球体。一个 DNA 螺旋的直径约为 2 纳米。蛋白质、碳水化合物和脂肪都是纳米大小的分子。为了研究如此之小的物质，科学家依靠微小的测量。为了了解这一尺度，你将进行网上研究，以便掌握更多纳米科学的知识。

实验时间

55 分钟

实验材料

- 使用互联网
- 实验记录本

安全注意事项

请仔细阅读并遵守本书"实验前必读"中的"安全准则"。

实验步骤

1. 进入美国国家科学基金会（The National Science Foundation）的纳米科学（"Nanoscience"）网站，网址为：http://www.nsf.gov/news/overviews/nano/index.jsp。阅读网站上的文章，回答分析问题 1—7。

2. 转到主菜单上的"我如何才能学得更多"栏目，在常见的问题，"什么是纳米"下选择"纳米的尺寸"。滚动到页面底部，选择"东西的大小"。回答分析问题 8—10。

3. 在常见的问题页面，查看左侧的主菜单。选择"Resources"，然后选择

"Links"。

4. 查看全球各个研究中心正进行的工作。之后，选择你感兴趣的题目。在你的实验记录本中写一段落，概括该题目。

分析

1. 1纳米是多少？
2. 用纳米给出以下的尺寸：纸的厚度、金原子、黑头发、血红素蛋白。
3. 为什么科学家在纳米层面研究材料？
4. 如何把纳米材料的表面积与较大材料的表面积相比较？
5. 在纳米层面上描述金的独特表现。
6. 碳纳米管的一些性质是什么？描述碳纳米管未来的一些用途。
7. 说出几个使用纳米材料的工业领域。
8. 完成下列叙述：

① 1 cm＝10 _____ 或 10^{-2} _____。

② 1 mm＝_____ nm 或_____ m。

③ 0.1 mm＝_____ nm 或_____ m。

④ 1000 nm＝_____ μm 或 10^{-6} m。

⑤ 10^{-8} m＝10 _____。

⑥ f.10^{-9} m＝1 _____。

9. 尘螨宽 200 Âμm。按纳米计算，其大小是多少？
10. 针头或花粉粒，哪个更大？

实验中将会发生什么？

自然界的一切都建立在纳米的层面上。原子产生分子，分子是有机化合物，如碳水化合物和无机化合物，如矿物质的构件。自从高能显微镜和接触这些微小粒子的设备问世以来，人类就能够看到并操纵分子和原子。

目前，纳米级的工作主要是研究。在一个研究项目中，科学家们复制了荷花或睡莲叶子的纳米结构（图2），这是一个有自我清洁能力的物种。荷叶的分子使它们能够阻挡尘埃粒子，否则，尘埃就会覆盖叶子并减缓光合作用。科学家用塑料制作了一个类似的结构,其中,分子的形状和排列类似于荷花分子(图 3)。当水碰到分子时,就会滚落下来。这些分子的多层结构用于制作防水面料。

图 2　荷花

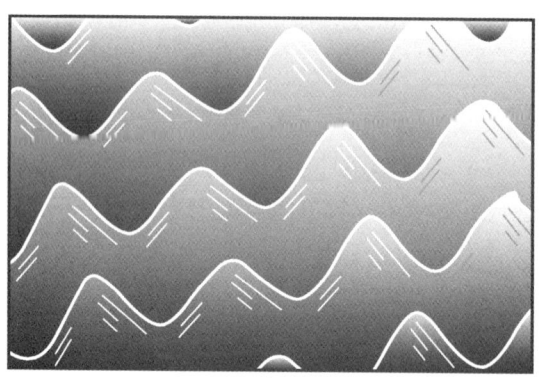

图 3　仿造荷叶的自洁纳米塑料视图

另一个研究小组正在破译非常强劲、但高度灵活的蜘蛛网的结构。他们的目的是利用纳米晶体制造具有相同特性的人工纤维。另一种源自纳米研究的产品是磁阻磁头,它用于提高电脑硬盘的存储容量。已研发出的材料可用于治疗烧伤和创伤。

与现实生活的联系

纳米技术的未来,包括在每一个科学和工程领域的拓展。科学家预言,纳米科学将开发可嵌入壁板和屋顶的太阳能电池。这些电池提供给住宅的电力来自不产生污染空气气体的电源。汽车工业正探索利用纳米科学研发更持久和防滑轮胎。同样的技术也可以应用到诸如汽车发动机皮带以及鞋类和运动服装等其他产品。在药理学领域,科学家们希望随着时间的推移,能开发出以小剂量植入并传递到身体的药物。他们也在研究用来描述或标志癌细胞的分子,使它们更容易治疗。那些积极参与纳米产品的其他领域是国防和计算机、电子等。只有科学家和工程师的想象力才会限制这种快速增长的领域。

想要了解更多吗?

参见附录中"我们的发现"。

实验16　洞穴是如何形成的？

题　目

洞穴是由于水、熔岩和细菌的作用而形成的。

简　介

地面上大得足以让一个人进入的天然开口就是洞穴。在一些洞穴内部，有漂亮的洞穴形成物或者叫沉积物，如钟乳石和石笋这样的结构，是从地面上堆起和洞顶上垂吊下来的。钟乳石是垂吊下来的碳酸钙的形成物，而石笋是由于碳酸钙的堆积在地面累积起来的。在很多情况下，二者相对而立，形成柱状物(图1)。

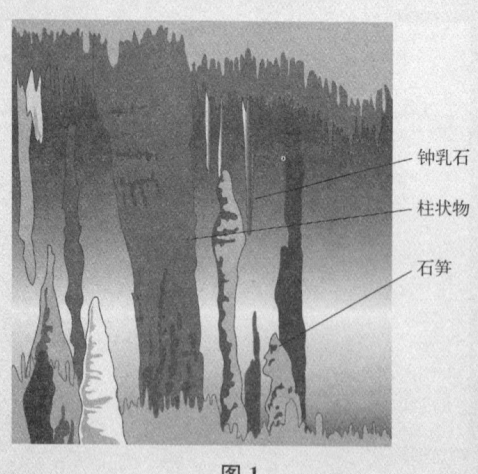

图1

根据成因,洞穴可以分成两大类。那些随着主要岩石不断加固而形成的洞穴是主洞穴。主洞穴最常见于古老的熔岩流中。次级洞穴是在主岩石形成之后产生的。在这些洞穴中,可溶性岩石,如石灰石、白云石、大理石是历经数百万年雕刻出来的。大多数岩洞是次级的,是由于酸性水的作用形成的。水可以被酸化,形成碳酸或者硫酸。当降雨使空气中的二氧化碳(CO_2)溶解时,就会形成弱酸性的碳酸(H_2CO_3)。这种水浸透地面,溶解其他化合物,形成可侵蚀石灰石和其他可溶性岩石的略强酸性溶液(图2)。当地球深处的硫化氢气体向上穿过地壳裂缝直到遇到地下水时,就形成硫酸。硫化氢和水的溶液产生硫酸。在本实验中,你将进行研究,以了解洞穴形成的细节,并把某一特定洞穴的信息呈现给全班同学。

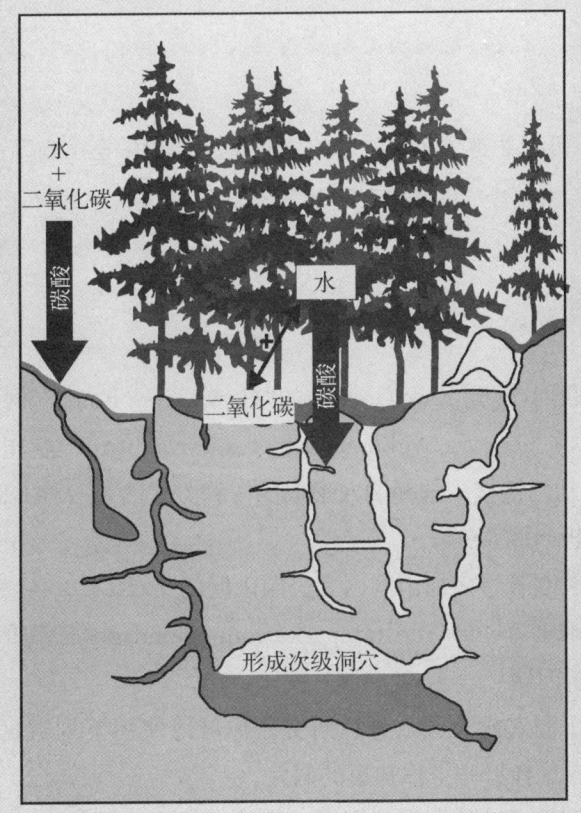

图2

实验16 洞穴是如何形成的?

实验时间

90 分钟

实验材料

- 使用互联网
- 彩色打印机或彩笔
- 招贴用纸板
- 实验记录本

安全提示

请仔细阅读并遵守本书"实验前必读"中的"安全准则"。

实验步骤

1. 访问互联网,转到 Rick Goreau 的"How Caves Form",网址为:http://www.pbs.org/wgbh/nova/caves/form.html,点击题目为"How CavesForm"的动画链接。选择洞穴形成的 4 种方式的每一种并阅读其信息。

2. 回答分析问题 1—11。

3. 转到有关欧若恩多加山洞国家公园山洞的文章。

   网址为:http://www.mostateparks.com/onondaga/cavesformed.htm。阅读文章回答分析问题 12—15。

4. 选择一个洞穴或大洞穴进行研究。你可以使用下列数据表中列出的著名洞穴之一或者选择另一个你知道的洞穴。

5. 制作一张你考察的洞穴的海报。你的海报应该是整洁而且色彩丰富的,它应该包括洞穴的位置和特性以及解释洞穴是如何形成的。

数 据 表

著　名　山　洞	
卡尔斯巴德洞窟	皮埃尔·圣·马丁山洞
猛犸洞	阿尔塔米拉山洞
护城洞	"未婚的洞穴"
拉斯科洞穴	奥赫廷薇石溶洞
Dan yr Ogof 山洞	赫洛赫岩洞
蓝洞	Drach 山洞
爱斯里森卫尔特冰洞	

分　析

1. 数量最多的洞穴是哪些类型的?
2. 碳酸是如何形成的?
3. 雨水能渗入到石灰石多深?
4. 碳酸对石灰石有什么影响?
5. 什么时候钟乳石和石笋出现在石灰岩洞穴中?
6. 流水是如何形成洞穴的?
7. 海浪是如何形成洞穴的?
8. 熔岩是如何形成洞穴的?
9. 什么是嗜极菌?
10. 嗜极菌产生什么气体?
11. 这种气体是如何有助于洞穴形成的?
12. 奥内达加岩洞是如何形成的?
13. 构成奥内达加岩洞的岩石来源是什么?
14. 写出化学方程式,说明碳酸是如何形成的。
15. 碳酸是怎样影响石灰石和白云石的?

实验中将会发生什么?

美国的大多数洞穴都集中在特定区域。这些地区有共同的地质特征,归类为喀斯特地貌（或岩溶地貌）。喀斯特是一个地理区域，它由可溶性岩石组成，如石灰石、白云石、大理石或者石膏。美国约有20%的地貌是喀斯特地貌。除了岩洞外，这些地区的特点是有许多落水洞，正在消失的溪流和坑。岩溶还包括含水层，即地表之下的大型水库。含水层充满了浸透土壤的雨水。当水到达含水层时，它穿过两个区域。首先是曝气区，这是地下水位之上的地区，这里大部分岩石之间的空间充满了空气。接下来的是饱和区，这里岩石完全被水浸透。两个区域之间是毛管边缘（图3）。含有空气的洞穴通道位于曝气区内，但洞穴形成过程发生在两个区域内。

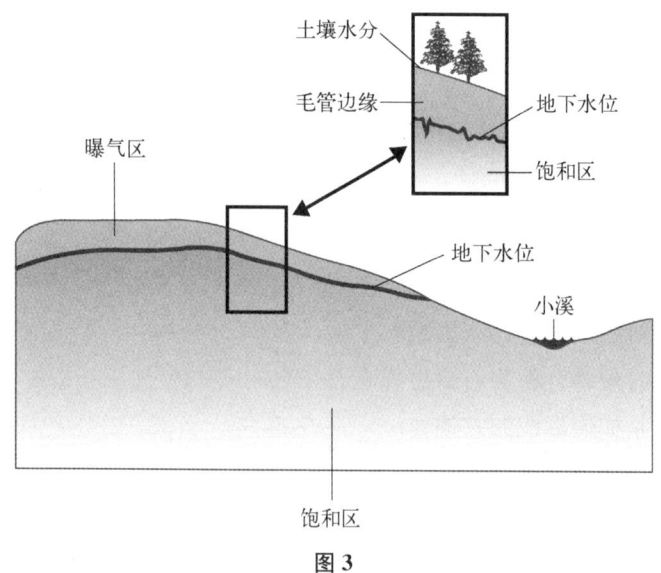

图3

渗透土壤到达含水层的水略显酸性，因为它结合了空气中的二氧化碳，而酸化水中的酸性化合物侵蚀土壤，特别是地下水位区域的可溶性岩石。随着时间的推移，当水位回落时，洞穴就首次暴露于空气中。在此阶段，钟乳石和石笋开始形成。

钟乳石像冰柱挂在洞顶上。每个结构都以一滴携带溶解的钙化合物的酸化水滴开始。随着水滴从洞穴顶上垂吊下来，水分蒸发，留下了碳酸钙和方解石。第二滴继续在这沉积物上形成，最终增加了已溶解的矿物质。经历数千年的时间，形成巨大的钟乳石。

石笋是从洞穴的地面向上堆积而成的。水从钟乳石上滴落下来，在洞穴地面上留下已溶解的钙化合物的微小堆积物。当水分蒸发，只有矿物质遗留下来。

这些物质慢慢堆积起来,形成了令人叹为观止的结构。如果石笋能够增长足够长的时间,它最终就会与它的母钟乳石汇合形成石柱。

与现实生活的联系

位于新墨西哥州的卡尔斯巴德洞穴是美国最大的洞穴之一。该洞穴有一条巨大的洞穴隧道,宽大的空间超过 84 个,其中许多是令人注目的石灰岩形成物。考古证据表明,游牧猎手和采摘者在此遮蔽风寒。16 世纪西班牙的探险家探访了这一洞穴。

约 250 万年前,这些溶洞区是一个内陆海。在靠近岸边的地方,形成了由纯钙质的生物,如珊瑚和海绵构成的巨大暗礁。该礁增长了数百万年,直到变成几百米厚,约 6.4 千米长。当海干涸,这些生物体的骨骼沉积并压缩成石灰岩。这一区域因地理过程而被抬升,岩石中的裂缝也充满了水,这样开始了风化过程。产生卡尔斯巴德洞窟的多数溶解不仅仅是由于碳酸。一种更强的化合物——硫酸也发挥着重要作用。在隆起的海底附近是油田众多的地区,这些区域的硫化氢气体穿过石灰石海底向上移动到地下水位,在那里与水结合,形成硫酸。正是这种强酸的作用才创造出卡尔斯巴德洞窟独具特色的宽大空间。最终,地下水位下降,洞穴枯竭,使宽大的空间暴露出来。

想要了解更多吗?

参见附录中"我们的发现"。

实验 17　太阳黑子和太阳活动周期

题 目

太阳黑子出现的频率随着有规律的太阳活动周期的改变而改变。

简 介

太阳可能看起来像一个完全相同的发光天体,但其表面总是在变化。太阳的外形受不断变化的磁场影响。太阳黑子是太阳上面行星大小的黑色区域,这是太阳磁场变化的结果。太阳黑子持续几天,然后消失。太阳黑子出现的频率按照规律的周期增加或者减少。太阳活动周期波动的范围,从太阳黑子数量最少的时候到数量最多的时候。太阳活动周期的时长也有所不同,但平均约为 11 年(图 1)。在太阳黑子数量最多的时候,即太阳黑子频繁的时候,一年当中可能出现 100—200 个太阳黑子。在太阳黑子数量最少的时候,天文学家一年看到的数量不超过十几个。

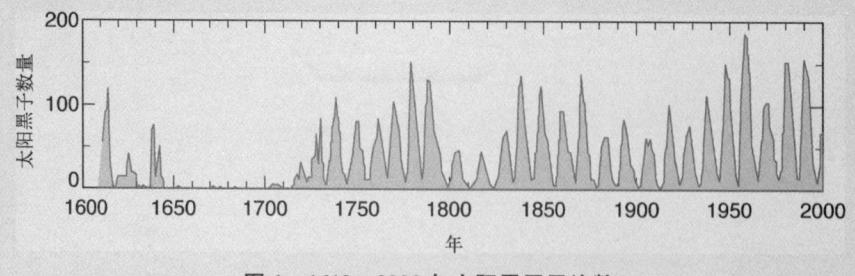

图 1　1610—2000 年太阳黑子平均数

当太阳活动周期处于最大值时,会发生更多的太阳活动,如日冕物质抛射和太阳耀斑。这些事件是由于太阳磁场突然剧烈的变化引起的。发生抛射和耀斑期间,物质的高能粒子被抛向太空,有些向地球行进。高能粒子可干扰通信设备和发电。

在本实验中,你将对太阳黑子和太阳活动周期有更多的了解。

实验时间

45 分钟

实验材料

- 使用互联网
- 实验记录本

安全提示

请仔细阅读并遵守本书"实验前必读"中的"安全准则"。

实验步骤

1. 上网搜索美国国家海洋和大气协会(The National Oceanic and Atmospheric Association)(NOAA)。网站名为"太空天气 初级读本"("A Primer on Space Weather"),网址:http://www.swpc.noaa.gov/primer/primer.html,利用此网址来帮助你回答分析问题1—12。

2. 转到澳大利亚政府的网站,"通信和太空天气",网址:http://www.ips.gov.au/Educational/1/3/4.,阅读第一道第三部分,回答分析问题13—19。

3. 科学家定期拍摄并分析太阳的照片以确定太阳黑子的数目。太阳黑子出现时有明暗对比的区域。图2显示了黑子的这两个区域。转到最新太阳黑子图像,网址为:http://sohowww.nascom.nasa.gov/data/realtime-images.html,找到名为MDI磁力图("MDI Magnetogram")的灰色图像。点击这一链接,找到几天前更新的太阳表面的图像。

① 点击第一个图像,放大。请注意时间和日期,并在数据表中记录下来。数一数图像上太阳黑子的数量,并记录在数据表上。

② 重复第四步直到看完所有的图像。如果需要的话,延长数据表。

③ 回答分析问题20—21。

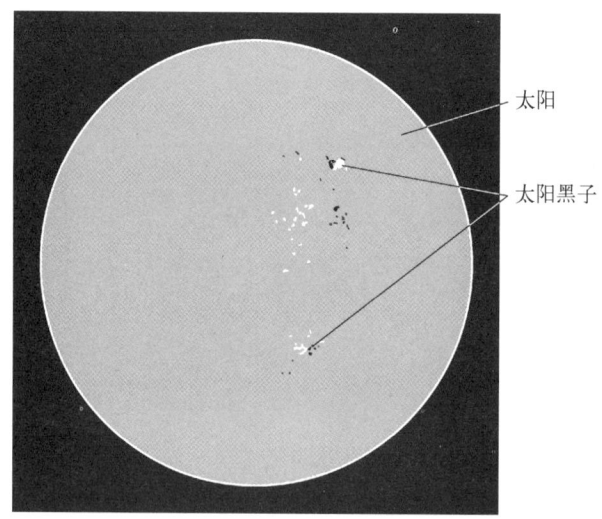

图2　太阳黑子的数量

4. 扩展你的研究,以便发现太阳的最大和最小活动周期是如何影响无线电和卫星通信的。

数　据　表

日　　期	时　　间	太　阳　黑　子

分 析

1. 太阳会产生多少能量?
2. 1秒钟太阳的能量能够使地球上的所有活动维持多少年?
3. 太阳能的来源是什么?
4. 太阳核内产生的能量需要多久才能到达太阳的表面?
5. 太阳产生能量有多久了?还会持续多久?
6. 在未来,太阳会有怎样的改变?
7. 太阳黑子是什么?
8. 什么引起太阳黑子?
9. 太阳黑子出现的周期是多少?
10. 日冕物质抛射的原因是什么?
11. 太阳耀斑是什么?
12. 冕洞是什么?
13. 什么是太空天气?
14. 什么引起太空天气?
15. 太空天气是如何影响地球电离层的?
16. 当前太阳活动周期的名字是什么?它是什么时候开始的?
17. 在一个周期中有记录的最多太阳黑子数是多少?
18. 电离层在哪里?
19. 影响通信的F大气层的密度如何?
20. 你在磁力记录计上看到的最大太阳黑子数是多少?
21. 根据你看到的磁力记录计,你能说出目前太阳是处于最大还是最小活动周期吗?

实验中将会发生什么?

尽管太阳的活动周期平均为11年,但也会有变化。在最大时,该恒星表面产生斑点,向地球喷出数十亿吨的带电气体。

大气上层中的所有带电粒子在北极和南极地区呈现壮美的彩光。然而,这些粒子也干扰无线电信号、卫星信号和电力生产。在太阳活动周期最小期间，没有斑点出现，很少发生无线电传输问题。

最近的太阳活动周期异常短，2000年最大，2006年最小。在2006年的几个月中，没有观察到太阳黑子。到2008年底，大多数日子可以看到一个或两个太阳黑子。

与现实生活的联系

太阳黑子呈暗区出现在太阳表面。由于太阳黑子极大，早在望远镜发明之前很久，人们就观察到了它们。早期的天文学家甚至指出，太阳黑子在太阳表面可移动数天时间。德国天文学家约翰尼斯·开普勒（Johannes Kepler，1571—1630）于1607年注意到太阳黑子，但他误以为它们是在太阳前面行驶的水星。1年后，发明了望远镜，因而许多天文学家对这种太阳现象产生兴趣。意大利数学家、天文学家和物理学家伽利略（Galileo Galilei，1564—1642）是其中最早认为黑子是太阳的一部分的科学家，而不是像开普勒所认为的，是太阳前面行进的一颗行星。伽利略的草图显示，他的很多观察都是在太阳活动周期最大值时发生的。德国天文学家克里斯托夫·沙伊纳（Christoph Scheiner，1573—1650）独立工作，仔细记录了太阳黑子在太阳表面的移动。沙伊纳的研究涉及2000多个对太阳黑子的观察。沙伊纳不同意伽利略的观点，认为黑子不是太阳的一部分，而是由太阳的卫星造成的阴影。后来天文学家所做的工作支持了伽利略的观点。

想要了解更多吗？

参见附录中"我们的发现"。

实验 18　化学键的种类

题　目

元素通过离子键和共价键形成化合物。

简　介

查看元素周期表就会发现,只有100多种元素。然而,这些元素的原子可以参与无数组合,形成几百种化学成分不同的物质。原子结合在一起是因为结合的总能量低于单个原子的能量。由原子结合而产生的化合物在化学和物理方面都不同于形成它们的元素。

原子可以形成2种基本类型的键:离子键和化合键,键的类型取决于相关原子内部电子的排列。在离子键中,两个元素结合是因为一个元素的电子转移到另一元素中。结果,形成两个离子或带电粒子。一个离子包含额外的电子,带负电,而另一个失去一个或更多的电子,带正电。这两个带相反电荷的粒子相互吸引。例如,在钠与氯的反应中,钠的一个电子转移到氯中(图1)。因此,钠失去一个电子,成为正离子。氯获得一个电子,成为负离子。这两个离子相互吸引,形成一个键,产生了氯化钠或食盐。

当原子共用电子时,形成共价键。共用电子产生强大而稳定的化合物。共价键最简单的例子是两个氢原子的结合。每个氢原子由一个质子和一个电子组成。然而,这是一种不稳定的电子排列,因为要使氢原子稳定、不活跃需要两个电子。当两个氢原子共用它们的电子时,就形成双原子

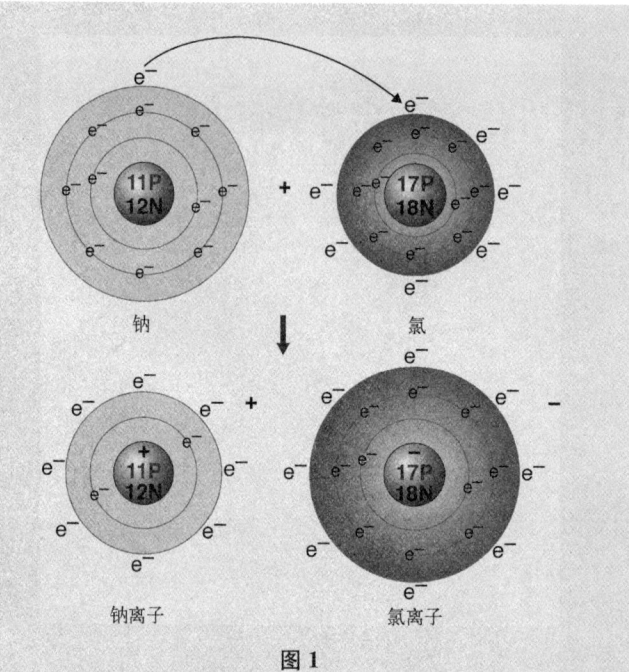

图1

的氢气,或 H_2。在本实验中,你将在互联网上进行研究,以了解更多有关化学键的知识。

实验时间

45 分钟

实验材料

- 使用互联网
- 实验记录本

安全提示

请仔细阅读并遵守本书"实验前必读"中的"安全准则"。

实验步骤

1. 转到琼·斯坦伯格(June Steinberg)博士创建的基础化学网站,网址:http://www2.nl.edu/jste/atomic.htm,阅读简介及名为"能量层"的分,发现化学键中外层电子的作用。

2. 回答分析问题1—6。

3. 转到琼·斯坦伯格博士创建的化学键网站,网址 http://www2.nl.edu/jste/atomic.htm,阅读整个网页然后回答分析问题7—16。

4. 转到肯特(Kent)先生的网站,网址:http://www.kentchemistry.com/links/bonding/bondingflashes/bond_types.swf,点击每种化学键的类型,看动画片,解释化学键是如何形成的。回答分析问题17。

分　析

1. 原子的3个基本组成部分是什么?
2. 电子位于何处?
3. 哪个能量层包含的能量最多,最内层还是最外层?
4. 使用2-8-8规则来解释12个电子将在原子的能量层如何分布。
5. 原子能够把它的外层填入稳定数量的电子的3种方式是什么?
6. 定义离子。
7. 离子键和共价键是如何形成的?
8. 解释在演示钠离子和氯离子如何形成的动画片中发生了什么?
9. 在动画片的结尾,钠离子和氯离子的外层是什么状态?
10. 为什么钠离子和氯离子能够构成键?
11. 解释在演示共价键形成的动画片中发生了什么。
12. 在动画片中,每个氢原子在其最外层有几个电子?
13. 非极性共价键和极性共价键的区别是什么?
14. 水是极性分子。其中,氧原子比较弱,较小的氢原子更强烈地吸引电子。
15. 画一个水分子,显示微小的正、负电荷。
16. 水分子之间形成哪种类型的键?

17. 看完肯特先生网站上的动画片后,归纳你对每种键的了解。

实验中将会发生什么?

稳定或惰性原子是不起化学反应的,因为它们有一套完整的价电子,即位于最外能量层的电子。自然状态下有稳定电子结构的原子是惰性气体。惰性气体的原子在它们的外部能量层有 8 个电子,这是一种叫做八位位组的结构。其他原子,那些有不完整的共价电子的原子,通过失去或得到电子也可以达到稳定的惰性气体的结构。有 1 个、2 个或 3 个价电子的原子最有可能失去这些电子,以达到稳定的八位位组。例如,位于周期表左边的钠,只有 1 个价电子,可以很容易放弃。周期表相对一边的氯,有 7 个价电子。氯达到惰性气体结构的最简单的方式是获得 1 个电子。钠的 1 个电子转移到氯就产生了两个相反电荷的离子。这两个离子靠引力结合在一起。有 4 个价电子的原子可能与其他原子共用电子。例如,碳,有 4 个价电子,可以与其他 4 个碳原子,或者与氢和氧的原子共用。硅也有 4 个价电子,这就说明了为什么它很容易与氧和其他硅原子形成共价键。

周期表可以用来确定原子中的价电子数,以此来预测原子形成化学键的类型。数据表显示,周期表左边的 1、2 和 3 组的元素,电子数少于 3 个,它们很可能会放弃。15、16 和 17 组的电子数超过 5 个,所以很可能接受电子来填补它们的共价层。第四组中的元素,包括碳和硅,共用电子,形成共价化合物。第十八组的惰性气体,是稳定、不起化学反应的。

数 据 表

周期表左边的组	共价键的数目
第 1 组	1
第 2 组	2
第 3—12 组	1 或 2
第 13 组	3
第 14 组	4
第 15 组	5

续 表

周期表左边的组	共价键的数目
第16组	6
第17组	7
第18组	8

与现实生活的联系

一些共价键产生极性分子,即一端带少量负电荷,而另一端带少量正电荷的分子。水就是这样的极性分子。1个水分子由1个氧原子和2个氢原子组成。氧原子核比氢原子核更大、更强。尽管氧和2个氢原子共用电子,但是氧对它们的拉力比小的氢原子更大。结果,共用的电子更多的时间是在分子中氧的一边,使氧原子带微量的负电(一)。因为电子被拉走,远离氢原子,所以,氢原子带微量的正电(+)。因此,每个水分子都是极性的(图2)。

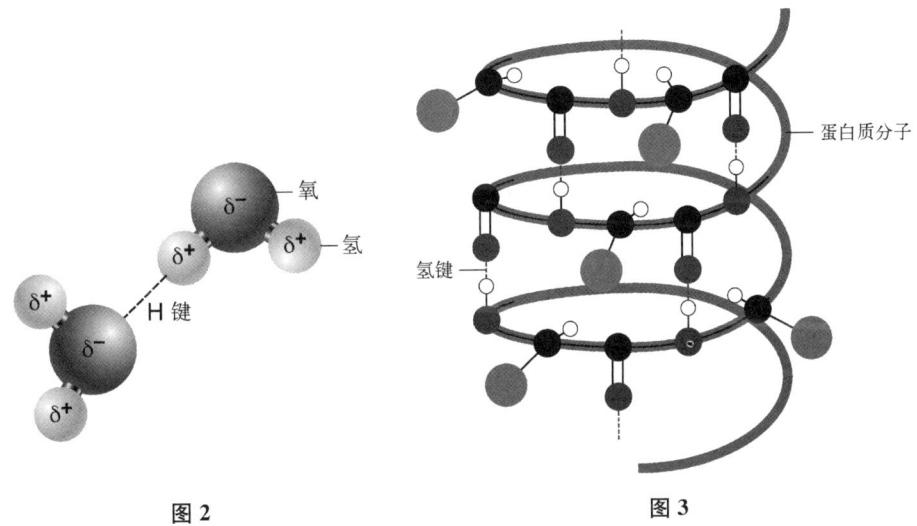

图2   图3

这种极性意味着单个的水分子相互吸引。极分子之间的引力弱但产生很重要的化学键,叫做氢键,是水的一些不寻常特性的原因。例如,水分子之间的氢键产生表面张力,使水的表层具有类似皮肤的特性。氢键也在像蛋白质之类的很多有机分子中形成。在图3的蛋白质中,氢键使蛋白质具有一种螺旋形状,因此造就了分子的三维结构。

想要了解更多吗?

参见附录中"我们的发现"。

实验19 DDT 的历史

题 目

滴滴涕是一种农药,通过生物放大作用造成对生态系统长期的破坏。

简 介

对人类来说,许多种昆虫都会带来问题。有些是疾病的载体。疟蚊(图1)传输疟原虫,这是一种原生动物,注射到人体内,会引起疟疾。其他昆虫可吞噬农作物,如玉米和棉花。由于这些原因,科学家们发现了可以用于灭杀讨厌昆虫的化学品——农药(杀虫剂)。第一代农药由剧毒化学品组成,如砷和氰化氢。这些化学品证明,要么对昆虫无效,要么对人类太危险。第二代农药是在实验室合成的有机化合物。1939年,瑞士化学家保罗·穆勒(Paul Muller,1899—1965)用1,1,1-三氯-2,2-双(对-氯苯基)

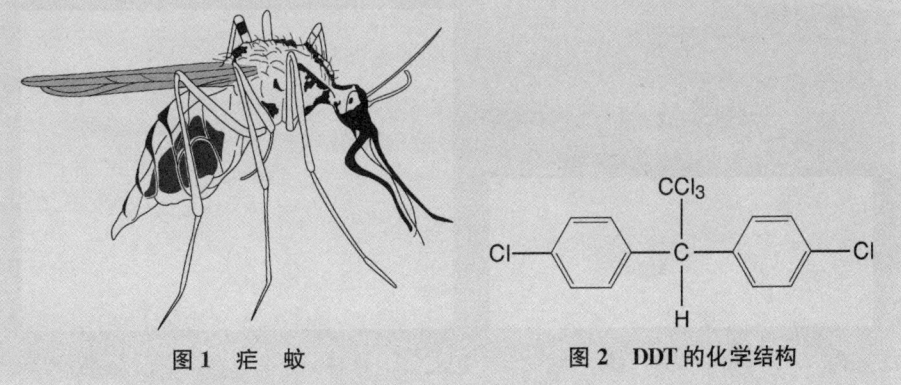

图1 疟 蚊　　　　　　图2 DDT 的化学结构

乙烷(DDT)——一种无味,类似于食盐的白色粉末进行实验。DDT 的化学结构如图 2 所示。由于该化学品被广泛用于杀灭致病昆虫,穆勒被授予 1948 年诺贝尔生理学或医学奖。

虽然作为农药 DDT 有许多优点,但是有环境意识的科学家开始注意到与这种化学品相关的一些问题。由于 DDT 不溶于水,它长时间残留在环境中。当生物体吸收了 DDT,这种化学物质溶解在它们组织的脂肪化合物中。由于动物可储存脂肪,这种化学物质就会长时间伴随它们,随着食物不断进入人体而逐渐堆积起来。脂肪化合物也构成细胞的细胞膜。细胞膜的工作是控制什么进入、什么离开细胞。因为 DDT 是脂溶性的,所以它能融入细胞膜中,但并不完全适合。结果,这种化学品损害细胞膜,同时削弱了细胞膜调节进出细胞的离子流动的能力。对于神经细胞,问题特别严重,神经细胞通过密切调节钠离子和钾离子的活动来协调电脉冲。当受损的神经细胞停止运作,它们所控制的肌肉就不再能够正常收缩。由于 DDT 中毒,生物体要么死于抽搐,肌肉收缩不稳定,要么死于肌肉瘫痪。在这个实验中,你将深入了解 DDT 对生物体和生态系统的影响。

实验时间

两个 55 分钟时间段

实验材料

- 使用互联网
- 彩色打印机
- 彩笔
- 3 张普通白纸
- 订书机
- 实验记录本

> **安全提示**
>
> 请仔细阅读并遵守本书"实验前必读"中的"安全准则"。

实验步骤

1. 用 3 张普通白纸制作一本翻页书。为此:

① 把 3 张纸摞放在一起,底部边缘错开,下面的一张伸出上面的 0.6 厘米(图 3)。

② 将纸的上半部分向下折,这样就有了 6 个错开的边缘。

③ 在顶部将纸订上。

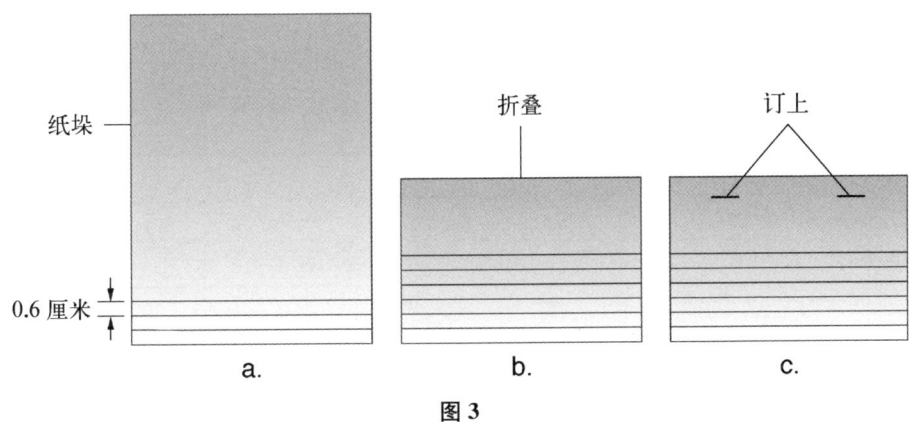

图 3

2. 上网找到有关 DDT 的信息,并把发现的结果记录在实验记录本中。这些信息将成为你翻页书中有关 DDT 的基础,也找到了分析问题的答案。

3. 制作你的翻页书。最上面一页为封皮,在上面写下书的题目、你的名字以及适合的图或照片。在其他 5 页,提供有关下列题目的信息。

① DDT 作为农药的优点。

② 禁止 DDT 的原因。

③ 拉结·卡森(Rachel Carson)的书《寂静的春天》对公众了解 DDT 产生的影响。

④ DDT 的生物累积和生物放大的影响。

实验 19 DDT 的历史

⑤ DDT 对人类的影响。

翻页书的每页都应包含书写的信息和至少一张图片。使翻页书信息翔实、读起来有趣、整齐、色彩鲜艳。

4. 你的教师和同学将用下面的题目给你的翻页书打分。开始工作之前,浏览下面的题目,以便确切知道你该做什么。

评 分 题 目

评 分 标 准	分 值	得 分
封页: A. 有吸引力 B. 包含一张图 C. 包含题目和你的名字	3	
一页讨论 DDT 作为农药的优点	4	
一页解释禁止 DDT 的原因	4	
一页讨论拉结·卡森的书《寂静的春天》对公众了解 DDT 产生的影响	4	
一页解释 DDT 的生物累积和生物放大的影响	4	
一页讨论 DDT 对人类的影响	4	
书的每页都含有一张图	5	
书干净,井井有条	6	
总分	33	

分 析

1. DDT 最早是什么时候被用作农药的?
2. 说出 2 种由昆虫传播的疾病。
3. 在哪一年美国禁止使用 DDT?
4. DDT 是如何减少鸟类种群的?
5. 为什么全球的有些地方仍在使用 DDT?

实验中将会发生什么?

当 DDT 被推出时,它被认为是神奇的化学药品,因为它能摆脱任何一种虫害。农民发现，它将消除破坏作物的虫子，如马铃薯甲虫、吃苹果的飞蛾、玉米的有害幼虫和棉铃象鼻虫(图4)。在美国使用的高峰年是1959年，当时超过3600万千克(8000多万磅)的DDT用于农作物。在其他国家，使用DDT杀灭引起疟疾的蚊子和携带斑疹伤寒的载体虱，改善了数百万人的健康。世界卫生组织(WHO)估计，由于这种化学品的应用，至少挽救了2500万人的生命。这似乎是解决昆虫问题的理想方案，因为它很便宜、易于使用、对哺乳动物无害。

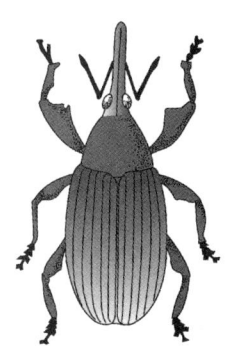

图4　棉铃象鼻虫

然而，到20世纪40年代末，一些科学家开始看出问题。一方面，昆虫对这种化学品形成抗药性，因此它正在失去其效力。另外，DDT被发现对鱼有毒，而且科学家还发现它堆积在其他动物的脂肪中。DDT的半衰期为8年，这意味着组织中一半的DDT需要8年才会衰竭。如果动物连续吃了沾有DDT的食物，那么，农药残留物随时间而积累起来。食物链顶端的动物，包括食肉动物，像大型鸟类和哺乳动物，可以积累毒素残留物。虽然DDT不能直接杀死这些动物，但它是有害的。在鸟类中，化学品DDT阻止卵形成坚硬的外壳，导致幼雏的死亡。在哺乳动物中，DDT似乎模仿一些激素的作用，干扰正常的生殖周期。尽管美国和其他大多数发达国家于1973年已禁止使用DDT，但这种化学品仍然在一些国家生产和使用着。

与现实生活的联系

大多数政府禁止使用DDT之后30年，这种化学品又在环境中显现出来。在南极洲工作的科学家发现阿德利企鹅(图5)的身体脂肪和卵壳中DDT的含量特别高。在检查企鹅所有的生存地区之后，人们发现DDT的来源是冰川融水。显然，这种化学品是在其使用高峰期间被气流带到了两极地区。降雨把它带到地表，在此成为冰川的一部分。如今，由于全球变暖造成的南极迅速变暖正引起冰川以前所未有的速度融化，并再次释放这种危险的化学品。磷虾、类似小虾的微小甲壳类动物生活在融水中，是企鹅的主要食物。目前，

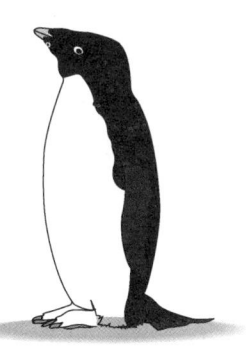

图5　阿德利企鹅

实验19　DDT的历史　103

科学家认为,根据他们在融水中看到的化学品的数量,鸟类不可能会受到严重伤害。然而,没有人知道,融水中的DDT储存量是否已经达到了峰值。

想要了解更多吗?

参见附录中"我们的发现"。

实验 20　海啸的威力

题　目

海啸是威胁沿海居民生命的具有破坏性的海浪。

简　介

就在 2004 年圣诞节刚刚过去几天,一场印度洋海底地震造成一连串巨大海浪,猛烈袭击了沿岸的 11 个国家。人们被冲进大海,溺死在自己家中,被水携带的碎片撞击。据美国国家海洋和大气管理局(NOAA)的报道,23 万多人失去了生命。大多数幸存者无家可归,他们所有的财产被从未经历过的威力所摧毁。造成这次灾难的海浪是由一个靠近印度尼西亚群岛,苏门答腊岛西海岸附近的强烈地震产生的,地震记录的等级为里氏 9.0 级。本次地震产生的海浪不是普通的海浪,而是海啸,一个日语术语,翻译成"海港波"。日语"拼写"成海啸的文字,如图 1 所示。海啸是海底突然运动而产生的一系列波浪。这种突然运动可能是由于地震或者滑坡引起的。这些骚动使巨量的海水改变位置,给它们猛烈、迅速的冲击力,推动它们携带巨大的能量运动起来。海啸从骚动地点向

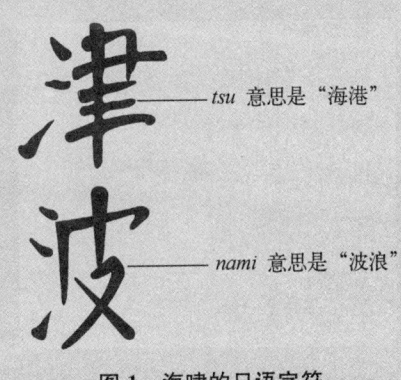

图 1　海啸的日语字符

— tsu 意思是"海港"

— nami 意思是"波浪"

所有方向传播,移动速度高达 700 千米/小时,比波音 747 速度更快。它们可以在几分钟内到达附近的海岸线,几个小时内到达遥远的海岸。当海啸移动到岸上,它的高度增加,继续向内陆运行。

　　海啸与带来大风的普通海浪截然不同。风浪只影响海洋的上表面,行进速度不会超过 96.6 千米。普通海浪的波长,即从上一浪到下一浪的距离很少超过 304 米。然而,海啸波长可能是 100 千米长。海啸产生的浪涌可能高达 30 米,并有足够的力量卷起轿车和卡车,粉碎家庭和企业,滚动巨石。在本实验中,你将更多地了解海啸以及如何来保护沿海居民。

实验时间

45 分钟

实验材料

- 使用互联网
- 实验记录本

安全提示

请仔细阅读并遵守本书"实验前必读"中的"安全准则"。

实验步骤

1. 进入美国国家海洋和大气协会(NOAA)网站,网址：http://www.tsunami.noaa.gov/tsunami_story.html,里面提供有关海啸的信息,并有显示运动中的海啸的动画片。阅读该网站,回答分析问题 1—7。

2. 访问 NOAA 网站，网址：http://www.publicaffairs.noaa.gov/grounders/tsunamis.html。阅读里面的材料，回答分析问题 8—11。

3. 搜索网上 5 次史上重要的海啸信息，用查到的信息完成下面的数据表。

4. 用你在网上搜索的信息为当地的报纸写一篇广告，要求人们支持，努力创建并维护一个印度洋海啸预警系统。在你的广告中，解释为何预警系统是必要的。广告要有趣、诱人。

数 据 表

海啸的位置	日　　期	生命损失	其他信息

分　析

1. 海啸是什么？
2. 引起海啸的 2 个原因是什么？
3. 就问题 2 中的每个产生海啸的原因，各举一例。
4. 什么决定海啸的高度？
5. 什么决定海啸的波长？
6. 观看 NOAA 网站图 1 的动画。它说明了什么？
7. 观看 NOAA 网站图 2 的动画。它说明了什么？
8. 海啸与普通海浪有怎样的区别？
9. 在深海，海啸行进的速度是多少？
10. 为什么海啸波浪靠近陆地时变得很危险？
11. 海啸在哪里造成的破坏最大？

实验中将会发生什么？

海啸对于生活在沿海岸线地区的人口来说，是非常严重的威胁。这些巨大的波浪能在几分钟之内淹没社区、卷走居民、汽车和建筑物。作为保护，由26个国家支持的海啸预警系统（TWS）于1965年成立。TWS的目的是监测整个太平洋的地震活动和浪高。TWS评估产生海啸活动的数据，在适当的时候提供预警信息，以便沿海居民可以迅速作出反应并转移到安全地方。NOAA和国家气象局有2个观测站点，一个在阿拉斯加，另一个在夏威夷。如果地震活动大小和位置可能引发海啸，那么就向受影响的沿海地区发出警告。警告包括海浪预计到达的时间以及海浪可能的大小。

太平洋类型的预警系统并不存在于世界各地。2004年海啸说明，如此多人丧生的一个原因是现存的TWS并不包括印度洋，一个在过去很少见到浪潮的地区。因为缺乏采集必要信息的设备，印度官员无法知道威胁生命的海浪已经产生。另外，他们也没有资金建立这样的系统。

与现实生活的联系

大多数海啸发生在太平洋，主要是在被称为火环的地区，这是一个地质非常活跃的地带，如图2所示。在太平洋，每年有发生几次里氏7级或以上的有记载的地震。该图显示了一些历史上重要地震发生的情况。

火环地带位于沿太平洋构造板块和几个大陆板块的边缘。板块是构成地壳的大的构造，它移动缓慢，每年仅移动约1.5—3厘米。这些板块像巨大的木筏漂浮在地球内部融化的地幔层上。当它们移动时，一些板块分开，但其他的相互刮到或碰撞到一起。在碰撞中，一个板块被挤到另一个的下面。太平洋火环带就是很多板块被挤到下面的地带，这一过程称为潜没。在这些区域，潜没的板块被其他板块以如此大的能量和压力推到下面，以至于熔化成岩浆。图3显示一个板块正从左向右移动。当它移动时，被另一板块推到下面。由于板块的潜没而产生的熔岩上升到海面，称为火山。这种类型的地质活动预计会继续产生太平洋的海啸。

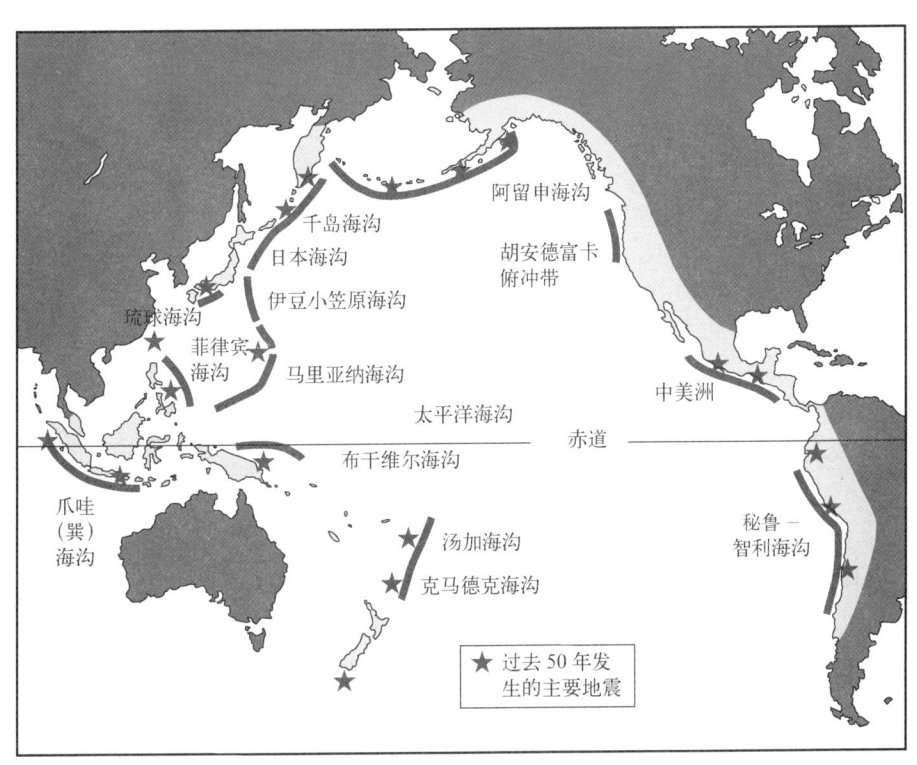

图 2　火环地带

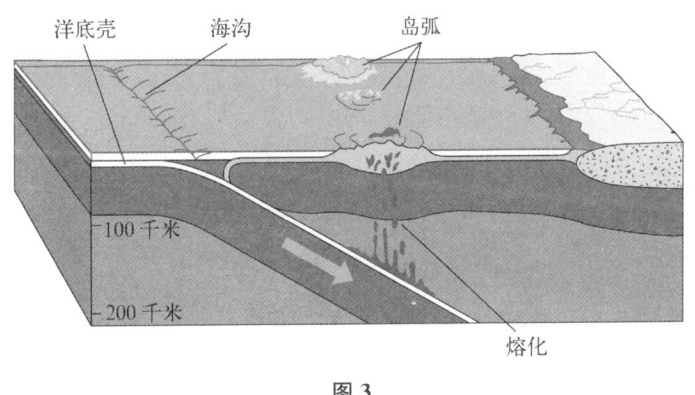

图 3

想要了解更多吗?

参见附录中"我们的发现"。

实验 20　海啸的威力

附 录

实验环境的设置

本书中所有的实验均须在电脑前进行,要么在学校,要么在家中。在学校时,可以在教室或在计算机实验室进行实验,这取决于电脑的可利用情况。学生可以独自,也可与同伴一起完成每个实验的计算机部分。

无论在学校还是在家,成人都应该密切监督学生上网。在校时,学生和他们的父母应该签订一份互联网使用协议书,其中学生同意遵守学校制定的使用适合的网站的规定。这些网络使用协议应该形成文件。本书中网络的使用只出于教育的目的。避免登陆的网站包括但不局限于那些违反法律、传播攻击性的信息或节目,传播任何形式的色情或传播游戏的网站。另外,提醒学生注意互联网的安全并保证所有的个人资料保密。学生不应该透露他们的姓名、地址、电话号码等个人信息。

一个实验需要到户外进行。在"利用云形预测天气"实验中,学生们跟随教师到户外观察云的形状。在户外时,要确保学生穿着适合天气和地形的服装并保证他们的安全。

我们的发现

实验1 生命伦理录像制作

课堂讨论的思路:让学生们定义术语—伦理学。引导他们对是非的区别进行讨论。

提示：一些可能有用的网站包括：CBS News. "Building a Better Baby," http://www.cbsnews.com/stories/2007/10/21/sunday/main3389134.shtml;

Bioethics. net. http://www.bioethics.net/and Bioethics Update. http://ethics.sandiego.edu/Applied/Bioethics/index.asp.

分 析

1. 科学扩大了我们的选择范围，所以我们将面临比过去的人们更多的道德问题。
2. 答案会有所不同。
3. 答案会有所不同。目前的一些生物伦理问题要求我们回答的问题并没有简单的答案。
4. 答案会有所不同。
5. 答案会有所不同。

实验2　珊瑚礁保护

课堂讨论的思路：让学生们说出一些珊瑚礁所特有的生物。引出观点，珊瑚礁是独特的栖息地。

分 析

1. 石珊瑚、深海珊瑚和软珊瑚。
2. 珊瑚虫是个体生物，长有口、触角和胃。
3. 成千上万的珊瑚生活在同一区域，彼此以薄片组织横向连接。
4. 珊瑚用触角来捕捉食物，推到它的嘴里。废物是通过口腔排出。
5. 珊瑚虫用刺丝囊刺伤猎物，然后用触角把刺昏的猎物送入口中。
6. 珊瑚为虫黄藻提供安全的环境，虫黄藻通过光合作用为珊瑚提供食品。
7. 珊瑚的颜色是由于虫黄藻的存在。当珊瑚压力较大时，它们驱逐它们的虫黄藻，呈现白而浅色的外观。
8. 珊瑚含有促进光合作用的藻类。悬浮在水中的物质阻挡阳光使藻类进行光合作用，因而减少了它们的产量。

9. 石珊瑚由碳酸钙构成其框架。尽管每个珊瑚动物很小,但数千个个体就构成了礁。

10. ①—d;②—a;③—b;④—c。

11. 自由游动的幼虫附着在岛屿或大陆边缘的底面。

12. 边缘、障碍和环礁。

13. 10 万—3000 万年。

14. 造礁珊瑚在 23℃和 29℃之间的清澈咸水中生长得最好。

15. 成年珊瑚在一个地方生活。

16. 珊瑚长出与父母一模一样的花蕾。花蕾脱落就形成了自由生活的成年礁。

17. 雄性和雌性珊瑚在水中撒播它们的配子。配子结合,形成游动的浮浪幼虫。

18. 珊瑚礁是生物多样性最丰富的海洋生态系统。它们为数百万动物提供家园,而且可能是未来药品的仓库。

19. 在那个季节,印度洋和太平洋的珊瑚礁中有 70%—80%死亡。

20. 答案会有所不同,但可能包括污染、过度捕捞、破坏性捕捞以及收集活珊瑚出售。

21. 答案会有所不同,但可能包括挖掘、沿海开发、农业和森林砍伐活动、污水处理厂、燃料泄漏、防污化学品和石油泄漏。

22. 人类制造的污染物以及不断升高的水温导致了珊瑚疾病。

23. 珊瑚礁是生物多样性最丰富的海洋生态系统,支持数百种不同的生物,为全球人类提供工作。

实验3 碳排放(碳足迹)

课堂讨论的思路:问学生哪一个对环境造成的破坏更大:快餐汉堡包还是坐在上面操作的割草机。你可以留着这个问题以后讨论以帮助他们理解所有制作汉堡的过程都产生很多二氧化碳。提醒学生二氧化碳是污染物。

分 析

1. 答案会有所不同。
2. 答案会有所不同,但是碳排放应该从几方面减少。

3. 美国大自然保护协会帮助为二择其一的电厂提供资金(如风力发电或水力发电水坝),保护自然区域以及植树。

4. 帕特里克和他的家人,依靠公共交通而不是个人汽车。他做的大部分工作是电子的,而不是使用印刷材料。

5. 答案会有所不同,但可能包括回收利用、尽可能多地关灯、夏季恒温器调到较高温度而冬季调到较低温度、使用公共交通而不是汽车以及吃当地生产的食品。

6. 植物吸收二氧化碳,帮助除去大气中的这种温室气体。

7. 答案会有所不同。学生可以提出整个地球是一个社会,在当地的层面上我们能做什么来影响别人。

8. 美国大自然保护协会是一个保护自然区域的非营利性组织。学生描述的工作会有所不同。

9. 袖珍荧光灯泡是小型的荧光灯泡,设计用于安装台灯和最初为白炽灯泡而设计的其他设备。

10. 白炽灯泡产生光是靠加热灯丝直到它发光。袖珍荧光灯泡是使灯泡内的气体发光。

11. 如果每个人都将白炽灯泡换成袖珍荧光灯泡,那么一年节省的能源就可以照亮 300 万户家庭,并且避免相当于 80 万辆汽车的排放量。

12. CFL 灯泡减少 75% 的能源消耗,而其持续的时间是白炽灯泡的 10 倍。

实验 4　虚拟解剖猪胎

课堂讨论的思路:让学生举出一些解剖的优缺点。帮助学生理解,解剖被认为是从事医学专业的人士重要的培训内容。

分　析

1. 位于前部的
2. 径向的
3. 中间的
4. 末梢的
5. 雌猪有乳头
6. 雄性的泌尿生殖道在脐带附近开口。雌性的泌尿生殖系统和消化系统开到肛门处。

7. 鼻孔把空气吸入鼻窦,感觉冷暖。

8. 乳头。舌肌肉上面覆盖着小的隆起物。乳头沿边缘较大。

9. 唾液腺被发现存在于两侧脸颊内。

10. 硬腭是由骨头组成,位于软腭的前部。两腭都覆盖有黏膜。

11. 随着猪发育成熟,未长出的牙齿将发育成长牙和其他的牙齿。

12. 咽、食管、气管

13. 会厌

14. 肝脏

15. 要找到胃,提起肝脏的叶。

16. 约 250 厘米

17. 小肠消化和吸收营养物质。

18. 大肠颜色较深。它较短而直径较大。

19. 胆囊位于肝脏的叶片之间。它分泌胆汁,帮助消化。

20. 幽门括约肌控制食糜从胃释放到小肠。

21. 胃的褶皱增加了胃的表面积。

22. 脾在胃的左下方。

23. 直肠储存粪便。

24. 胰腺产生消化酶。

25. 肠系膜是把肠子聚在一起的膜。

26. 排泄系统去除体内代谢废物和毒素。

27. 肾脏位于消化系统的下面,腹膜之下。

28. 肾脏的功能是清除血液中代谢废物,并帮助调节水的平衡。

29. 肾动脉;肾静脉

30. 输尿管;尿道

31. 心包膜

32. 两肺

33. 胸腺位于颈部中段。它有助于建立猪的免疫系统。

34. 冠状动脉从心脏的前面往后面沿中线分布。

35. 心房较小,比心室暗。

36. 主动脉在心脏的后上方。

37. 左。左心室输送血液到全身各处。右心室输送血液到肺部,这是一段较短的距离。

38. 右心房

39. 左心房

40. 心脏瓣膜位于每一个心房和心室之间。它们避免血液反方向流动。

41. 卵巢是位于膀胱两侧小的杏仁状结构。输卵管是连接卵巢到子宫的细管。子宫是骨盆内、位于直肠前壁的扁平囊。

42. 内睾丸位于睾丸(由阴囊托起)内的小的包块。附睾是睾丸两侧块状的白色组织。

43. 空气进入鼻孔,通过口腔、声门、喉、气管到达肺部。

44. 3层脑膜

45. 嗅叶,脑桥,延髓

46. 丘脑位于大脑中心,延髓的前部。运动和感觉纤维构成了丘脑的突触,它发送脉冲到大脑皮层或者接收来自大脑皮层的脉冲。

实验 5 质量守恒

课堂讨论的思路: 指出,爱因斯坦用他的方程式 $E=mc^2$ 给我们一些关于质量和能量关系的最新信息。

分 析

1. 1743—1794;法国

2. 税务员

3. 燃素理论指出,除了已知的4种元素(火、水、空气、土)以外,还有被称为燃素的第五种元素,它存在于可燃物体中。此元素在燃烧过程中被释放出来。

4. 拉瓦锡表明,燃烧和氧化是相似的化学过程,涉及氧气,而不是燃素。

5. 答案会有所不同,但应包括热量和平衡。

6. 质量守恒定律表明,在化学反应中,质量是守恒的。它说明,反应物的质量必须等于生成物的质量。

7. 玛丽·安妮·拉瓦锡(Marie Anne Lavoisier)作记录、画插图并分享安托万的观点。

8. 化学反应是物质被重新安排,生成新产物的变化。

9. 起泡和温度的变化表明是化学变化。

10. 吸热;袋子摸起来凉爽。

11. 答案会有所不同。质量应保持不变,尽管由于实验误差可能会发生小的变化。

12. 是的。实验开始和结束时该袋的质量大致相同。

13. 正如其实验一样,拉瓦锡的工作表明,化学变化不耗尽也不毁灭物质。

14. 必须仔细称量袋子的重量以说明没有发生质量的改变。

实验6 宇航员交换卡

课堂讨论的思路: 让学生说出一些宇航员的名字,把这些名字写在黑板上。活动之后,让学生扩大名单。

分 析

1. 宇航员是接受训练在太空旅行的人士。

2. 答案会有所不同。科学家们不希望冒生命的危险,直到他们知道,太空旅行生存的可能性非常大。

3. ①—b;②—d;③—a;④—c。

4. 答案会有所不同,但可以包括:飞行或协助飞行、车辆、协助维护车辆并进行实验或完成特定的任务。

5. 答案可能会有所不同。平均年龄是34岁。

实验7 简单的机械

课堂讨论的思路: 让学生描述如果没有任何机械,生活将会怎样。

分 析

1. 功是力乘以距离。

2. 力的测量单位是牛顿,距离的单位是米,功的单位是牛顿米。

3. 简单的机械改变力和距离。

4. 简单机械减少所需的力(或者力移动的方向)。

5. 楔形的机械组包括斜面、螺丝和楔。滑轮、杠杆和轮轴在杠杆组。

6. 机械优势是阻力与动力的比率。

7. $MA = F_R/F_E \quad MA = d_R/d_E$

机械优势可以用两种方式计算：用做功的力去除阻力，或者用阻力的距离除做功的距离。

8. 杠杆是刚硬的杆，支撑在固定的支点上。

9. 推或拉杠杆的一端，举起另一端的重物。

10. 见下页图。

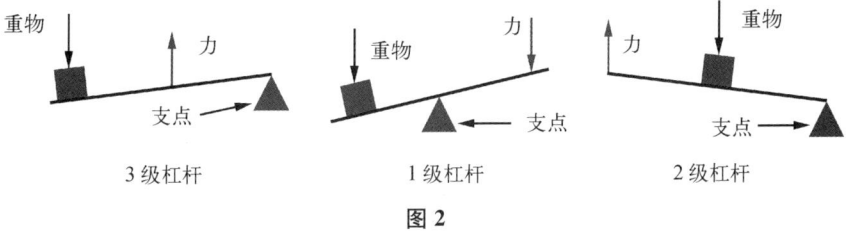

图 2

11. 一个滑轮是一条绳子或链条缠绕在一个轮子上，通常提起重物。

12. 滑轮改变力的方向。

13. 定滑轮连接到不移动的点上，比如屋顶。动滑轮随着重物上下移动。动滑轮需要的动力较少。

14. 车轮和轴是由两个大小不同的圆形物体组成，其中，轮子施加动力，轴产生输出力。

15. 当力用到车轮上，力增加而距离和速度下降。当力加到轴上，力减少而距离和速度增加。

16. 斜面是位于水平面与垂直面之间倾斜的表面。

17. 斜面通过增加距离而减少了移动物体所需的力。

18. 机械优势(MA)增大。需要较少的力移动物体，但是距离会增加。

19. 斜面是固定不动的，而楔移动。动力加到与斜面平行的坡度，但加到楔的垂直边缘。

20. 螺丝的螺纹就像一个圆形的斜面。

21. 间距是指两个螺纹之间的垂直距离。

22. ① 4；② 4.16；③ 200 N

实验 8 水解和脱水合成

课堂讨论的思路： 指出水是生命所必需的。生物需要水的一个原因是进行可能的化学反应。解释原子结合成分子和拆散分子过程中都涉及水的原因。

分 析

1. 有机分子包含碳，无机分子不包含。
2. 因为碳有 4 个价电子。
3. 脱水合成是一种化学反应，通过去掉一个水分子而把两个分子结合在一起。
4. 水解是一种化学反应，通过加水而把一个分子分裂成两个分子。
5. H
6. 水
7. OH

实验 9 利用云形预测天气

课堂讨论的思路： 问学生如何预测天气。指出观察一个人周围环境的价值，包括云的形状。

分 析

1. 答案会有所不同。阳光明媚的日子云较少，并且出现的云可能是小的积云或者是高卷云。雨天最可能有浓密的层云或者层积云。下雨前的日子主要有积雨云或者层云。
2. 答案会有所不同。
3. 根据个人实验的结果，答案会有所不同。
4. 答案会有所不同。
5. 答案会有所不同，但可能包括监视风、气压和温度。

实验 10 制作气候图表

课堂讨论的思路： 让学生描述你们当地的气候。让他们讨论气候与天气的区别。

提示：学生的气候图(过程的第一步)应包括一条形图,描绘每月的降水量,还有一线形图,描绘月平均温度。图和所有轴都应有标注。

分 析

1. 基于在选定的月份期间,某一地区的气候数据,答案将有所不同。

2. 基于学生们收集的气候数据和过去一年这一地区的气候,答案将有所不同。学生们应该把他们的短期气候图与他们制作的一年气候图进行比较。

3. 基于气候图数据,答案将有所变化。最可能的是,一年的气候图将与长期气候图稍有不同。

4. 长期气候图是经过30年的时间收集的,因此平均气温代表了稳定的平均水平。因为很多因素,诸如厄尔尼诺、拉尼娜现象和大气波动都可能使一年的气候不同于下一年,所以,一年的气候图可能与长期的平均值不同。

5. 答案会有所不同,但可能包括:某一地区的天气状况由于空气中气团的移动而每天有所变化。大气中包含具有不同温度和压力的气团。当气团移动并碰撞时,它们不仅带来较暖或较冷的温度,也带来风、雨和暴风雨。每年的气候可能受到不断变化的海洋和气流(如厄尔尼诺/拉尼娜)、火山活动和太阳变化的影响。

实验11 测绘雷击

课堂讨论的思路：让学生描述他们看到的闪电并尽量记住什么时候发生的(一年中的时间,主要的天气状况)。

提示：在美国,雷击不会连续发生,所以你可能希望在天气活跃期间进行本次试验。为了发现雷电袭击哪里,请访问网站：http://www.intellicast.com/Storm/Severe/Lightning.aspx。并查看美国地图,列出经历雷击最多的各州。当同学们开始本次活动时,和他们一起分享你的列表。

分 析

1. 答案会有所不同。当某一地区有静电时,闪电活动增加。静电增加可能是由于大气的状况造成的,较干燥的空气产生更多的电荷。某一地区土壤的类型也可能影响闪电的活动,例如,干燥的沙土比潮湿的黏土更容易导电。

2. 学生的图表应该包括每种状态的线图。每个线图应有 3 个点,显示每次暴风雨期间雷击的数量。图表应有标注。

3. 答案将根据结果而有所不同。学生的答案应该包括受到雷击最多的地区以及最少的地区。

4. 答案将根据结果和来自过程第一步的预测而有所不同。学生应该告知,他们的结果是否与第一步的预测相一致,并解释为什么一致或不一致。

5. 答案将根据选择的位置而有所变化。学生的答案应该包括:描述出现闪电最多的地区并解释为什么他们认为所描述的因素促使闪电数量增加。答案可以包括对这一地区的海拔、土壤类型和植被数量的描述。

实验 12　人体寄生虫

课堂讨论的思路:让学生说出一些动物、人类和植物的寄生虫。讨论寄生虫是需要寄主的非常特别的生物这一事实。

分 析

1. 答案将有所不同。寄主是提供食物和(或)寄生虫生活场所的生物。

2. 答案将有所不同。有些寄生虫利用其寄主的食物,剥夺它们的营养。其他的引起局部或系统的过敏反应,损伤皮肤或肌肉等组织,阻塞心脏或小肠等器官。

3. 答案将有所不同。杀死寄主的寄生虫失去了食物来源。

4. 答案将有所不同。大多数寄生虫有一个以上的动物寄主,而且温暖、潮湿地区比凉爽、干燥地区支持更多的动物种群。

5. 全球变暖将使蚊子迅速繁衍的地区增多,造成疟疾的蔓延。

实验 13　岩石和矿物质

课堂讨论的思路:让学生说出他们的生日石。如果他们不知道,在下面的列表中为他们找到生日石。生日石是被分类为"半宝石的"矿物质。

一月:石榴石日　　　　　七月:红宝石
二月:紫蓝色宝石　　　　八月:橄榄石
三月:绿玉　　　　　　　九月:蓝宝石

四月：钻石　　　　　　十月：蛋白石

五月：绿宝石　　　　　十一月：黄宝石

六月：珍珠　　　　　　十二月：绿松石

分 析

1. 答案将有所不同。学生应解释熔岩产生包含特殊矿物质的岩石，岩石然后被风化，变成沉积岩，接着暴露于高温和高压下，形成变质岩的过程。

2. 岩石是很多矿物质的聚合物，而矿物质是地质进程的产物，具有特殊的化学成分。

3. 答案将有所不同。

4. 蛋白石不属于矿物质，因为它们不具有有序的结构。

5. 答案将有所不同。

实验 14　呼吸演示

课堂讨论的思路： 许多学生误以为我们把空气吸进肺部。通过实验让学生懂得，由于气压差使空气流进或流出。

分 析

1. 空气经过气管流入支气管。从那里，进入细支气管，最终到达肺泡。

2. 肺泡是最小的细支气管末端的小气囊。气体交换在肺泡中进行。

3. 横膈膜是胸腔底部薄的肌肉，有助于改变胸腔的大小。

4. 进入肺部。当胸腔扩大时，肺部也扩大，空气压力减小。空气从高气压的地方移动到低气压的地方。

5. 排出肺部。当横膈膜向上移动，胸腔就向下移动，肺部的空间减小。这样使空气压力增加，空气流出。

6. 玻意耳定律解释说，气压的减小导致容积的增加。

7. 答案将根据学生的模型而有所不同。

8. 答案将根据学生的模型而有所不同。

9. 答案将根据学生的模型而有所不同，但是模型应该显示空气从高压区向低压区移动。

实验15　纳米科学

课堂讨论的思路：让学生说出一些微小的机械装置或设备。通过实验让学生懂得，一个新的科学领域正在从事分子层面的研究，开发微观设备。

分　析

1. 1米的10亿分之一。

2. 纸张的厚度，10万纳米；金原子，1/3纳米；黑色的头发，5—18万纳米；血红蛋白，5纳米。

3. 纳米科学揭示了不同寻常的生物、化学和物理的性能。

4. 纳米材料的表面积要大得多。

5. 黄金纳米粒子吸收光线，并转换成热量。

6. 碳纳米管坚固、轻便且能导电。它们可以取代汽车上的金属，提供坚固但轻便的车架。纳米管可以导电、导热，用于保护飞机不受雷击。

7. 各领域包括电子学、磁和光电子学、生物医学、制药、化妆品、能源、催化材料、化学机械抛光、磁录音磁带、防晒霜、汽车催化剂载体、生物标志、导电涂料和光纤。

8. ① 毫米，米；② 1 000 000，10^{-3}；③ 100，10^{-4}；④ 1；⑤ 纳米；⑥ 纳米。

9. 20万纳米

10. 大头针头

实验16　洞穴是如何形成的？

课堂讨论的思路：询问有多少学生进过山洞？让他们讲述其经历。指出大多数旅游山洞有灯，而洞穴自然情况下是黑暗的。另外，讨论洞穴的温度，温度会随着深度而改变。通常，洞穴的温度从10℃—15.5℃。

分　析

1. 石灰岩洞穴的数量是最多的。

2. 当雨水渗入土壤和二氧化碳结合，就产生碳酸。

3. 雨水渗透到地下水位。

4. 侵蚀石灰岩。

5. 当地下水位降低后,这些结构出现。

6. 流水的作用磨损石灰岩,雕刻出洞穴。

7. 海浪作用于石灰岩薄弱的地方就雕刻出开口。这些海蚀洞通常有突出端。

8. 热的熔岩像河流一样沿斜面流淌下来。沿熔岩流的侧面缓慢移动的熔岩先冷却。熔岩流的顶部就形成地壳。在中央,通道使熔岩保持温度,继续流淌。在通道形成之后,热的熔岩最终流出,留下通道。

9. 噬极菌是生活在极端条件下的细菌。

10. 硫化氢。

11. 气体与水结合形成硫酸,硫酸侵蚀石灰岩,形成洞穴。

12. 奥内达加湖是由于在碳酸盐岩石,主要是石灰石和白云石中的化学溶解形成的。

13. 当史前的海洋覆盖了这一地区,沉积岩就沉淀下来。坚硬的动物躯体部分从海水中沉淀下来,落到海底,由于热和压力,变成石灰岩。石灰石转化为白云石,后来海水退却。

14. $H_2O + CO_2 \rightarrow H_2CO_3$

15. 碳酸溶解石灰石和白云石,产生洞穴。

实验 17 太阳黑子和太阳活动周期

课堂讨论的思路: 给全班同学看极光或北极光的图片。这些照片可以在以下网站找到: http://en.wikipedia.org/wiki/Aurora_(astronomy) and MichiganTech Aurora Page, http://www.geo.mtu.edu/weather/aurora/. 通过实验让学生懂得,极光的强度和频率与太阳黑子的活动有关。

分析

1. 太阳产生 1023 千瓦能量。

2. 900 万。

3. 太阳的能量来源是核聚变。

4. 5000 万年。

5. 40 或 50 亿年,1000 亿年。

6. 1000 万年—2000 万年后,太阳将膨胀,包围地球和其他内部行星。最终,它将收缩成叫做白矮星的冷星。

7. 太阳黑子是太阳表面,包含强磁场的暗区。

8. 太阳黑子是由经过太阳表面的强磁场引起的,并使其表面冷却。

9. 太阳黑子的平均数在 11 年当中有增有减。

10. 当日冕地区受到限制,它们就喷发形成大气和强磁场区。

11. 短暂而强烈的能量释放持续几分钟到几小时。

12. 单极磁场区,从这里,强烈的太阳风从太阳表面流出。

13. 太阳—地球环境状况的改变。

14. 扭曲了地球磁场的太阳风的速度和密度的改变。

15. 电离层反射高频通讯信号,如无线电和紧急广播信号。太空天气干扰电离层。

16. 周期 23;2000。

17. 1957 年,周期为 19,数量为 207。

18. 电离层位于地球以上 50—550 千米的地方。

19. 当 F 层密度低时,只有低频通信波可传输。当密度高时,高频波可以传输。

20. 答案将有所不同,可能会 1—3 年。

21. 太阳周期最小。

实验 18 化学键的种类

课堂讨论的思路:请学生解释为什么一些原子粘在一起,形成化学键,而其他的没有。引导他们明白,并非所有的原子都可以形成化学键,化学键取决于原子中的电子数及其排列。

分 析

1. 原子的 3 个基本组成部分是质子、中子和电子。

2. 电子位于围绕原子核的轨道上。

3. 最外层。

4. 2 个在第一层;8 个在第二层;2 个在第三层。

5. 得、失或者共用电子。

6. 离子是得到或失去电子的原子。

7. 离子键是由带相反电荷的离子构成的；共价键是共享电子形成的。

8. 来自钠的1个电子转移到氯,这样产生1个钠离子和1个氯离子。

9. 在这两种情况下,外层被填满。

10. 两个带相反电荷的粒子相互吸引。

11. 两个氢原子共用最外层的电子。

12. 每个氢原子将有2个电子,一个完整的外电子层。

13. 在非极性共价键中,原子平等地共用电子。在极性共价键中,其中一个原子比其他原子更强烈地吸引共用电子。结果,这种化合物就有正的一端和负的一端。

14. 水分子将在氧原子附近有1个正电荷,氢原子附近有1个负电荷。

15. 氢键。

16. 共价键、离子、氢。

17. 答案将有所不同。

实验19　DDT的历史

课堂讨论的思路： 了解学生是否熟悉农药,特别是DDT。如果是这样,提出问题以便发现他们对这种化学物质知道多少。

分　析

1. DDT最早用于第二次世界大战。

2. 答案会有所不同,但可以包括疟疾、西尼罗河病毒、斑疹伤寒和黄热病。

3. 1973。

4. DDT损害蛋壳,阻止小鸡发育和孵化。

5. DDT价格低廉,是第三世界国家唯一可以获得的农药。

实验20　海啸的威力

课堂讨论的思路： 问学生是否还记得2004年的印度洋海啸。如果是这样,了解他们能回忆起什么。给他们看一些这一地区,包括事发地点海啸前后拍摄的照片。照片可以在许多网站找到,包括海啸网站。网址:http://www.guardian.co.uk/gall/0,8542,1379875,00.html。

提示:学生的数据表将有所不同。下面是一个数据表样本。

数 据 表

海啸的位置	日 期	生命损失	其 他 信 息
葡萄牙,里斯本	1755	数千	影响到西班牙、葡萄牙和北非的海岸线
爪哇附近的喀拉喀托,巽他海峡	1883.8.27	36 000	27.4 米浪高
阿拉斯加州,乌尼马克岛	1946	数百	35 米浪高,激发了一个海啸预警系统的建立
智利	1968	25 000	27.4 米的海浪席卷了停泊在离智利内陆海岸 393 米长的军舰
日本,本州	1896	27 000	

分 析

1. 海啸是由海底的地震干扰而引起的一系列的海浪。

2. 当密集的海洋板块滑到较轻的大陆板块下面,使大量的海水改变了位置,就会导致海啸。海啸也可以由海水下的滑坡引起。

3. 板块的滑动引发了 2004 年的印尼海啸。海水下的滑坡制造了 1998 年巴布亚新几内亚的海啸。

4. 海底的垂直位移决定浪高。

5. 浪长是由海底移动的尺寸确定的。

6. 动画显示了海底板块的移动和由此产生的海浪,海浪从骚动地点向各个方向传播。

7. 动画显示了 2006 年海啸的传播。

8. 海啸在浪峰间的长度上,不同于普通的海浪,它的长度可以超过 161 千米,而且浪峰间的时间可以长达 1 小时。

9. 800 英里/小时。

10. 海浪慢下来,被压缩,同时加高。

11. 最大的破坏产生于海啸的源头,因为海浪只是行进很短的距离,因此没有损失任何威力。